Wolfgang Crasemann

Flucht mit sechs Kindern aus Syrien

Das Schicksal der Familie Al Said

novum pro

Dieses Buch ist auch als
e-book
erhältlich.

Bibliografische Information
der Deutschen Nationalbibliothek:

Die Deutsche Nationalbibliothek
verzeichnet diese Publikation in
der Deutschen Nationalbibliografie.
Detaillierte bibliografische Daten
sind im Internet über
http://www.d-nb.de abrufbar.

Gedruckt in der Europäischen Union
auf umweltfreundlichem, chlor- und
säurefrei gebleichtem Papier.

© 2025 novum publishing gmbh
Rathausgasse 73, A-7311 Neckenmarkt
office@novumverlag.com

ISBN 978-3-7116-0465-1
Lektorat: Naemi Hofer
Umschlagfoto: Alexandra Juncker
Umschlaggestaltung, Layout & Satz:
novum Verlag
Innenabbildungen: Alexandra Juncker
Autorenfoto: Wolfgang Crasemann

www.novumverlag.com

Druckprodukt mit finanziellem
Klimabeitrag
ClimatePartner.com/16547-2311-1001

Inhaltsverzeichnis

Einleitung

Die Debatte um Migration, Flüchtlingsbegrenzung, Verringerung der sozialen Leistungen und Integration ist das Top-Thema in der Innenpolitik und wird es sicher auch noch lange bleiben. Auch wenn der Sturz von Bachar al-Assad in Syrien die Flüchtlingskrise etwas zu entspannen scheint, so bleibt die grundsätzliche Problematik, denn Überbevölkerung, Armut und Kriege in vielen Ländern werden in Zukunft immer mehr Menschen dazu veranlassen, nach Europa zu fliehen. Wir müssen lernen, damit umzugehen. Wie dies zum Wohle von uns allen geschehen kann, dies zeigt diese wahre Geschichte.

Es geht vor allem darum, Widersprüche aufzulösen:

- Wir benötigen dringend Arbeitskräfte, aber lassen nicht zu, dass Flüchtlinge arbeiten: Die ausgebildete Pflegekraft in einem Flüchtlingsheim ist zur Untätigkeit verdammt, obwohl im Pflegeheim nebenan dringend Personal gesucht wird.

- Das Asylrecht gilt für Menschen, die politisch verfolgt werden, es kommen aber verstärkt Wirtschaftsflüchtlinge, die kein Bleiberecht haben. Die Ausländerbehörden können sich nicht genügend um politisch Verfolgte kümmern, weil Wirtschaftsflüchtlinge die Antragswege verstopfen.

- Ausländerbehörden und Gerichte ersticken unter Papierbergen, obwohl jeder weiß, dass digitalisierte und schlankere Verfahren zu einer effizienteren und damit menschlicheren Behandlung der Geflüchteten führen würden.

- Den Menschen brennt die Flüchtlingsproblematik unter den Nägeln, trotzdem kümmert sich die Politik nur halbherzig um dieses Thema, mit der Folge, dass radikale Parteien stärker werden und die Demokratie in Deutschland in Gefahr gerät.

Umso wichtiger ist es, auch über Integrationserfolge zu sprechen und darzustellen, wie eine wirksame und menschenwürdige Integration zu unser aller Wohl gelingen kann.

Daher möchte ich mit diesem Buch die Geschichte der Familie Al Said erzählen, die wie so viele syrische Familien auf abenteuerliche Weise nach Deutschland geflohen ist, um hier ein neues Zuhause zu finden.

Die Familie Al Said lebt seit 2018 in einem kleinen Ort nahe Berlin. Die Familie, das sind Ahmad (44) und Amal (39) und die sechs Kinder Lina (19), Osman (18), Jamila (16), Jasmin (14), Halima (13) und Mohamed (10). Mittlerweile sind beide Eltern berufstätig, Ahmad arbeitet im örtlichen Pflegeheim und Amal in der Mensa der Grundschule. Alle Kinder sind in Ausbildung bzw. in der Schule und haben Ziele für ihr Leben in Deutschland. Die Familie ist gut in der Nachbarschaft integriert und fühlt sich wohl.

Ich half Osman, Jasmin, Halima und Mohamed bei den Hausaufgaben in Mathematik, Deutsch und Englisch. Über die Kinder lernte ich die Eltern kennen, die mir bei köstlichem Tee von ihrem Leben als Flüchtlinge erzählten. Die Geschichte empfand ich so spannend, dass ich beschloss, sie aufzuschreiben.

Ich möchte die Erlebnisse so authentisch wie möglich erzählen, deshalb lasse ich die Familie ihre traumatische Fluchtgeschichte und die Erlebnisse hier in Deutschland weitgehend selbst schildern. Ihre Aussagen habe ich in meine Sprache übertragen, damit der Text besser lesbar ist. Ich habe auch Interviews mit den Helfern geführt, die die Familie in unterschiedlichen Lebenssituationen kennengelernt und ihren Beitrag zur Integration geleistet haben.

Zum Schutz der Familie habe ich alle sensiblen, personenbezogenen Daten wie Eigennamen von Personen und einige Ortsnamen anonymisiert. Demzufolge ist die Familie auch nicht abgebildet. Freundlicherweise hat sich die Schülerin Alexandra bereit erklärt, mit ihren Zeichnungen die Erlebnisse graphisch anzureichern.

I. Das Leben in Syrien

Ahmad wurde im Jahre 1980 als sechstes Kind der Familie Al Said geboren. Er lebte mit seinen neun Geschwistern, sechs Schwestern und drei Brüdern, in einer wohlhabenden Familie. Sein Vater, ein erfolgreicher Geschäftsmann, besaß ein Bekleidungsgeschäft mit fünf bis sechs Mitarbeitern in dem Basar von Sayyidah Zainab, einer kleinen Stadt mit 135.000 Einwohnern, zehn Kilometer südlich von Damaskus.

In dieser Stadt liegt die große, wunderschöne alte Moschee, in der sich das Grabmal von Zainab, der Enkelin von Mohammeds Tochter, befindet. Diese Grabstätte ist für die schiitischen Gläubigen eine bedeutende Pilgerstätte, sodass jedes Jahr viele Tausend Pilger, vor allem aus dem Iran, aber auch aus dem Libanon, dem Irak und aus Syrien selbst, diese Grabstätte besuchen. Nach den religiösen Zeremonien war der Basar erste Anlaufstätte, um sich zu beköstigen, Einkäufe zu erledigen und Geschenke für die Verwandten und Freunde zu besorgen. So kam die Familie Al Said zu bescheidenem Wohlstand, der ihnen zu einem angenehmen Leben in Frieden verhalf.

Ahmads Mutter kümmerte sich – wie in Syrien üblich – voll und ganz um die zahlreichen Kinder und die vielen Besuche von Verwandten und Freunden. Das Elternhaus hatte drei Etagen und insgesamt zwölf Zimmer, also genügend Platz für die große Familie.

Ahmads Kindheit und Jugend

Ahmad, wie empfandest du deine Kindheit in Syrien?

„Ich blicke auf meine Kindheit mit vielen positiven Gedanken zurück: Meine Eltern und Geschwister kümmerten sich um mich, ich hatte viel Spaß mit meinen Geschwistern und meinen Freunden. Meine Freizeit habe ich ohne die heute übliche Elektronik verbracht, mein Vater wollte auch keinen Fernseher und das war rückblickend gar nicht schlecht. Wir spielten viel Fußball, gingen ins Kino und ich lernte in einem Verein Taekwondo. Wir haben Flaschendeckel gesammelt und daraus kleine Spielzeugautos gebastelt. Fahrradfelgen haben wir ins Rollen gebracht, wir haben Vögel abgeschossen und sie danach gegrillt, wir haben kleine Ringkämpfe ausgetragen; alles mit viel Fantasie, was die heutigen Kinder gar nicht mehr kennen. Einmal im Monat besuchten wir die Grabstätte unserer Vorfahren, beteten und legten einen Blumenstrauß auf das Grab. Aber wir Kinder nahmen diese Rituale nicht so ernst. Nach ein paar Tagen trocknete der Strauß und wir bastelten Flitzebögen daraus, mit denen wir auf Zielscheiben schossen.

Besondere Erinnerungen habe ich natürlich an das Ende des jährlichen Ramadan-Festes. Es wurde drei Tage gefeiert, wir erhielten Geldgeschenke und Süßigkeiten, wir gingen mit unseren Eltern einkaufen und durften bei der Wahl der Kleidung sogar mitbestimmen. Selbst der Besuch der Moschee war nicht langweilig, denn es wurde ja nicht nur gebetet, sondern viel gesungen und man traf die Kinder der befreundeten Familien auf der Straße und an der Moschee.

Ich kann mich auch gut daran erinnern, dass mein Vater jeden Morgen Kaffee mahlte, und zwar in einem Trog mit einem altertümlichen Holzstab, so wie es in unserer Familie Tradition war. Wir durften als Kinder stets probieren und es schmeckte köstlich.“

Du bist ja dort zur Schule gegangen, welche Erinnerungen hast du an die Schulzeit?

„Ich muss gestehen, ich bin nie gerne zur Schule gegangen, das Lernen nach strenger Methode behagte mir gar nicht.

In der Grundschule lernte ich Arabisch, Mathematik, Geschichte, Biologie, Geographie, Koran, Sport und Musik. In der 5. Klasse kam das Fach ‚Militär‘ hinzu. Kleine Kinder, Mädchen und Jungen, lernten zum Beispiel, wie eine Pistole funktioniert und aus welchen Materialien sich diese zusammensetzt. Pro Klasse gab es 25 – 30 Schüler. Ich musste eine Schuluniform tragen, die aus einer braunen Jacke und einem orangen Halstuch bestand. An die Grundschulzeit habe ich auch schöne Erinnerungen, denn jeden Monat unternahm die Klasse einen Ausflug in eine andere Stadt oder in einen Naturpark zum Picknick.

Die Oberschule besuchte ich von der 7. bis zur 8. Klasse. Jetzt musste ich noch eine Fremdsprache lernen. Die Schüler durften aber nicht wählen, sondern zogen aus einer Trommel ein Los, auf dem entweder ‚Englisch‘ oder ‚Französisch‘ stand. Ich hatte Pech, ich zog ‚Französisch‘ und musste mich so mit der schwierigeren Fremdsprache beschäftigen. In der Oberschule war eine olivgrüne Armeekleidung Pflicht. Die Lehrer waren streng, es fand ausschließlich Frontalunterricht statt, es gab auch schon mal Schläge. Einmal trug ich meine Mütze falsch herum. Beim Schulappell fiel das auf, es gab Schläge und einen Tritt, der mich über zwei Meter in das Weite beförderte. Die Angst vor den Lehrern verdarb mir die Lust auf die Schule. So wurde ich in der 8. Klasse nach sechs Monaten krank. Man brauchte kein Attest vorzulegen, man war einfach zu Hause. Das gefiel mir und so simulierte ich die Verlängerung der Krankheit, bis etwas Entscheidendes geschah: Meine Eltern merkten, dass ich nicht mehr zur Schule gehen wollte. Sie nahmen mich aus der Schule, was der Gesundung äußerst förderlich war. Die Schule war damals nur bis einschließlich der 7. Klasse Pflicht, sodass der Schulabbruch in der 8. Klasse durchaus legal war.

In den Sommerferien, die vier Monate lang dauerten, war es auch für Kinder üblich, einer Beschäftigung nachzugehen. Mein Vater wollte, dass seine Söhne gut auf das Arbeitsleben vorbereitet werden. So

arbeitete ich bereits mit zehn Jahren in der Holzwerkstatt einer befreundeten Familie. Es war keine harte Arbeit, eher ein Praktikum, wo
ich viel lernte und Spaß bei den Holzarbeiten hatte. In den nächsten
Jahren folgten Praktika in einer Schuhfabrik, in einer Baufirma und
einer Bäckerei. Das alles machte mir viel mehr Spaß als das Lernen
in der strengen und daher unbeliebten Schule."

Nach der Schulzeit arbeitete Ahmad bei seinem Vater und seinem
älteren Bruder, der zwischenzeitlich ein eigenes benachbartes
Bekleidungsgeschäft gegründet hatte. So konnte er vor allem
seinen Vater entlasten, der so mal zu Hause bleiben konnte, um
sich auszuruhen, Gäste zu empfangen oder Freunde zu besuchen.

Mit 18 Jahren kam Ahmad wie alle männlichen jungen Syrer
zur Armee und diente dort zwei Jahre und drei Monate.

Ahmad, wie empfandest du die Armeezeit?

„Die Wehrpflicht bestand aus sehr viel Sport, drei Stunden pro Tag, zunächst die Grundausbildung und dann die Spezialausbildung. Ich kam zur Artillerie, wo ich mich auf die Erkennung und die Daten von Zielobjekten spezialisierte, die ich an die Kanoniere übermittelte, damit die Kanonen optimal ausgerichtet werden konnten. Nach Hause durfte ich nur alle zwei Monate jeweils sechs Tage lang. Ich nahm auch an Manövern teil, die in der Wüste stattfanden. Übernachtet wurde im Zelt.“

Wie kam es denn dazu, dass du drei Monate länger als üblich dienen musstest?

„Wir hatten in der Regel am Nachmittag kein Programm, meine Kaserne war auch nicht weit weg von meinem Wohnort. So war es reizvoll, sich unbemerkt von der Truppe zu entfernen und zu Hause zu übernachten. Ich hörte von einigen Kameraden, dass sie dies schafften. Eines Tages fasste ich Mut und versuchte, den Zaun zu überwinden. Dummerweise erwischte mich ein Wachsoldat, dem ich Rede und Antwort stehen musste. Er warf mir auch vor, andere Kameraden angestiftet zu haben, was gar nicht stimmte. So landete ich im Militärgefängnis und man rasierte mir die Kopfhaare komplett weg. Es sollten zehn Tage sein, aber mein Vorgesetzter holte mich nach zwei Tagen heraus. Mein Vorgesetzter verriet mir auch einen Trick, wie ich legal die Kaserne hätte verlassen können, aber nun war es zu spät. Das Schlimmste war, dass ich drei Monate länger dienen musste. Von da an waren alle Gedanken an unerlaubte Handlungen verflogen.“

Amals Kindheit und Jugend

Amal wurde 1985 als fünftes von neun Kindern geboren. Ihr Vater besaß eine Baufirma mit drei bis vier Mitarbeitern. Ihre Mutter war Hausfrau und starb früh an Krebs. Schon einen Monat nach ihrem Tod heiratete der Vater zum zweiten Mal und Amal bekam drei Stiefbrüder und zwei Stiefschwestern. Die

Kinder wuchsen in einem Dorf mit etwa 1.000 Einwohnern in der Nähe von Damaskus auf.

Amal, welche Erinnerungen an deine Kindheit sind dir noch präsent?

„Ich war bis zum Tod meiner Mutter ein glückliches Kind. Meine Mutter war sehr gastfreundlich, so kamen immer ganz viele Kinder zu uns zum Spielen. Hinter unserem Haus befand sich ein Berg, dort sammelten wir Dosen und bastelten daraus Teller und Becher, Utensilien, die unser Mutter-Vater-Kind-Spiel bereicherten. Wir sammelten Gras und Sträucher, um daraus Essen für unser Familienspiel zuzubereiten. Manchmal picknickten wir und jede meiner Freundinnen brachte etwas zu essen mit. Meine Mutter konnte Puppen nähen und ich freute mich riesig, wenn ich am Ende des Ramadans eine selbst genähte Puppe als Geschenk bekam. Wir hatten auch viele Tiere zu Hause, sodass ich als Kind lernte, wie man Kühe und Schafe melkt. In den Ferien fuhr ich oft zu Oma und Opa nach Quneitra auf den Golanhöhen; dort half ich meinen Großeltern bei der Kartoffel- und Weizenernte.

Weniger schön verlief mein Leben nach dem Tod meiner Mutter, die starb, als ich zwölf Jahre alt war. Meine Geschwister und ich hatten kein gutes Verhältnis zu unserer Stiefmutter und irgendwie war das so harmonische Familienleben gestört. Ich verzog mich – so oft es ging – zu meiner Tante oder zu meinen Großeltern, um den häuslichen Spannungen aus dem Weg zu gehen."

Und wie war deine Schulzeit?

„Die Schule mochte ich eigentlich ganz gerne. Ich hatte viele Freundinnen. In der Pause traf ich mich mit einer Freundin, die offenbar einen reichen Vater hatte. In einem Buch war immer ein Geldschein versteckt, der in Geschäften gegen Süßigkeiten und Eiscreme eingetauscht wurde, die auch für mich bestimmt waren. Mein Lieblingsfach war Geschichte, denn ich mochte die Ausflüge zu den Golanhöhen und nach Damaskus. Das einzige Problem stellte ein Lehrer dar, der gleichzeitig unser Nachbar war, so fühlte ich mich beim Spielen gehemmt. Ich musste mich manchmal der unangenehmen Frage stellen, ob ich schon die Hausaufgaben gemacht hätte. Wenn ich mal keine Hausaufgaben gemacht hatte und dies auffiel, dann gab es am nächsten Morgen Schläge mit dem Wasserschlauch auf die Hände. Wenn ich daran denke, dann tun mir die Hände heute noch weh."

Nach der Schule hatte Amal die Idee, eine Ausbildung als Krankenschwester zu absolvieren, aber sie wurde von ihren Eltern nicht gefördert. Im Gegenteil, die Eltern erwarteten von ihr Hilfe im Haushalt, um die kleinen Geschwister zu versorgen. So blieb sie zu Hause, kümmerte sich um die Schafe und Kühe und lernte, wie man Käse und Butter macht.

Es war üblich, dass die Verwandten sich regelmäßig besuchten, und so besuchte Amal eines Tages zusammen mit ihrer Tante deren Onkel, der wiederum Vater von Ahmad war. Bei dieser Zusammenkunft war Ahmad auch zugegen und diese Begegnung war für beide eine schicksalhafte, denn sie verliebten sich ineinander. Bereits drei Tage später fand die Verlobung statt und sieben Tage danach die Hochzeit – Liebe auf den ersten Blick. Eine solch schnelle Verbindung war durchaus üblich, denn wenn die Kinder zu sehr zauderten, spielten die jeweiligen Eltern Schicksal und brachten die ihrer Meinung nach passenden Kinder zusammen. „Amor" bleibt dann außen vor. Wie in Syrien üblich sind die Hochzeitsprozeduren riesige, kostspielige Feste, aber sie sind eben Tradition und keiner will sich dieser Tradition entziehen.

Die Hochzeitsfeier

Ahmad, beschreibe einmal die Hochzeit:

„Es war ein tolles Fest und teuer, nicht für mich, sondern für meinen Vater, den Vater des Bräutigams. Er kaufte einen Ring, mehrere Armbänder, Ohrringe aus Gold und eine schöne Uhr, die ich meiner Braut bei der Verlobung überreichte. Ich fragte Amals Vater und den bestellten Imam, ob ich Amal heiraten dürfe. Ein Imam musste anwesend sein, der bezeugte, dass ich es ernst meinte und dass mein Vater genügend Geld für das Brautpaar aufbringen konnte. Mein Vater spendete etwa 1.000 € und sagte zu, weitere 1.000 € für die Einrichtung der Wohnung auszugeben. Da zögerte Amals Vater nicht und sagte Ja. Es gab ein großes Mittagessen mit Nachbarn, Freunden und Familie. Der Imam regelte die Formalitäten.

Zwischen Verlobung und Hochzeit wurde ausgiebig die Junggesellenzeit verabschiedet. Amal feierte mit ihren Freundinnen zu Hause, es wurde gesungen, getanzt und alle Freundinnen ließen sich Henna malen."

Henna ist ein rotbraunes Pulver, das aus getrockneten Blättern des Hennastrauches gewonnen und auf die Haut aufgetragen wird. Es soll nach uralten Vorstellungen vor „bösen Blicken" schützen und wird daher bei Geburten, Beschneidungen und Hochzeiten verwendet.

„Ich feierte zwei Tage und Nächte mit meinen Freunden auf der
Straße, von Haus zu Haus gab es Lichterketten, die allen Passanten
zeigten, dass hier etwas Besonderes stattfand.

Der Bund fürs Leben wurde im Jahre 2002 geschlossen. Nach dem
Frühstück gingen wir Männer alle in die Moschee und baten Allah
um Segen für das neue Paar. Danach gingen wir zum Friseur, um
uns neu frisieren zu lassen, und zu einem Bekleidungsgeschäft, um
uns neue Anzüge zu kaufen. Wie üblich bezahlte mein Vater auch
die neuen Frisuren und Anzüge für meine Gäste. Dann gab es das
große Mittagessen auf der Straße, ich durfte mich auf einen Thron
setzen, man ulkte und scherzte und ich wurde immer nervöser. Als
alles vorbereitet war, kam die Gesellschaft der Braut aus der Nachbarschaft, wo Amal sich auf die Hochzeit vorbereitet hatte. Sie
hatte ein wunderschönes weißes Kleid mit Schleppe an, ich durfte
sie nicht berühren, sondern nur anlächeln. Der Zeremonienmeister
der Gesellschaft, die auf etwa 500 Personen anwuchs, ergriff das
Mikrofon. Er hielt eine kleine Rede, wünschte uns Glück und Segen. Dann verlas er, wer uns welche Geldgeschenke gemacht hatte,
einige schenkten anstatt Geld auch Schafe, die wir aber umgehend
verkauften, denn was sollten wir in unserer Wohnung mit Schafen,
zum Kuscheln waren sie ja zu groß.

*Als es dunkel wurde, war die Feier beendet und ich durfte erstmals
mit Amal in meine neu bezogene Wohnung gehen. Mein Vater räum-
te eine Etage seines Hauses und stattete sie mit neuen Möbeln aus,
denn Amal sollte sich in unserer Familie wohlfühlen."*

Die Familie wächst

Das junge Paar lebte glücklich in einer ganzen Etage des Elternhauses, in dem neben dem Vater noch zwei Brüder und drei Schwestern von Ahmad lebten. Schon bald kündigte sich Nachwuchs an. Im Januar 2005 wurde Tochter Lina geboren und am 1. Januar 2006 wurde die Geburt von Sohn Osman bekannt gegeben. Das war nicht das eigentliche Geburtsdatum, denn Osman wurde schon im Dezember des Vorjahres geboren, aber die Anmeldung von Geburten im neuen Jahr hatte Vorteile im Hinblick auf den Schulbesuch. Daher gingen Ahmad und Amal erst später zu dem Quartiersmanager, der die Geburt im Familienbuch bestätigte und beim Meldeamt der Stadtverwaltung anmeldete.

Ahmad arbeitete im Geschäft seines Vaters, das dank der Touristen sehr einträglich war. Manchmal kamen Reisebusse mit Touristen, die sich in Ahmads Geschäft umsahen. Der Reiseleiter des Busses wurde stets zum Essen eingeladen, damit er beim nächsten Mal wieder einen Schwarm von Touristen brachte. Die potenziellen Käufer wurden mit Tee und Säften verköstigt, damit sie sich im Geschäft wohlfühlten, was die Kauflaune beförderte. Ahmad lernte etwas Persisch und konnte die Zahlen sogar auf Hindi und Türkisch. Eine Besonderheit war, dass Ahmads Vater dank seiner Beziehungen zu einigen Kleiderfabrikanten Markenware von sehr guter Qualität bezog und diese deutlich günstiger als in anderen Geschäften anbieten konnte.

Ahmad, wie hast du die Zeit nach der Familiengründung in Erinnerung?

„Es war eine wunderbare Zeit. Ich war glücklich mit meiner Familie. Wir alle verstanden uns im großen Haus sehr gut. Und meine Kinder waren natürlich eine besondere Freude. Wie in Syrien üblich bestand der Tag eigentlich nur aus einer immerwährenden Party. Der Basar war 24 Stunden lang in Betrieb. Wir öffneten unser Geschäft meist

um 5.00 Uhr morgens und schlossen um 24.00 Uhr. Wir wechselten
uns ab, sodass vor allem unser Vater sich zu Hause ausruhen konnte.
In unserem Geschäft war eigentlich ständig etwas los, die Geschäfte
liefen gut. Nach Schließung gingen wir manchmal mit unseren Mit-
arbeitern in ein Café oder ein Restaurant, wir schauten Fußball und
spielten Karten, manchmal bis 4.00 Uhr morgens, um die Kühle der
Nacht zu genießen. Am Freitag schlossen wir um die Mittagszeit und
gingen gemeinsam in die Moschee. Ein Teil unserer Belegschaft fuhr
auch schon mal in die Berge, um das ,Wir'-Gefühl zu stärken. Natür-
lich wurden unsere Mitarbeiter eingeladen. Wir haben mit Herz ge-
arbeitet, mein Vater, mein Bruder, ich und unsere Mitarbeiter, das
war eine große Familie, wir waren füreinander da, wir haben viel
gelacht und geplaudert.

An meinen freien Tagen machte ich Ausflüge mit meiner Familie in
die Berge oder nach Dar'a, wo es einen großen Wasserfall und antike
Kulturstätten gibt, oder wir fuhren zu einem großen Freizeitpark in
der Nähe des Flughafens von Damaskus. Den liebten unsere Kinder
besonders, weil es riesige Spielplätze, Karussells und Achterbahnen
gab. Neben dem Freizeitpark fand einmal im Jahr eine große Welt-
ausstellung statt. In einer fünf Kilometer langen Schaustraße stellten
etwa 50 Länder ihre Produkte aus, von Nägeln bis große Maschinen,
natürlich mit den landestypischen kulinarischen Köstlichkeiten. So
tranken wir alkoholfreies Bier am deutschen Stand und aßen Crois-
sants am französischen Stand.

Im Sommer fuhren wir mit meiner Familie und den Familien unserer
Geschwister an die Küste und mieteten uns ein oder zwei große Cha-
lets für 20 – 30 Personen. Wir spielten, badeten, grillten am Strand,
fuhren mit Booten zu den vorgelagerten Inseln und an der Steilküste
entlang. Wenn die Chalet-Besitzer ein Fest organisierten, dann tanz-
ten und chillten wir die ganze Nacht hindurch."

Die Familie wurde schnell größer. Im September 2007 wurde
Jamila geboren, im Januar 2009 folgte Jasmin und im August
2010 Halima, also drei weitere Töchter. Amal kümmerte sich um

den größer werdenden Haushalt, eine Schwester von Ahmad, die keine Kinder hatte, half ihr dabei. Sein Vater wollte nun, dass die große Familie in ein eigenes Haus zieht. So kaufte er der jungen Familie ein Haus ganz in der Nähe, mit drei Etagen, wovon zwei Etagen vermietet wurden.

Amal, wie empfandest du die Zeit der jungen Familie?

„Ich war zufrieden, mit der Familie von Ahmad verstand ich mich sehr gut, die Kinder bereiteten mir keine Sorgen. Ich hatte eine sehr gute Freundin, mit der ich mich austauschen konnte. Ahmad war, abgesehen von den seltenen Familienausflügen, ja praktisch nie da, aber das störte mich wenig, denn dies ist so in Syrien üblich. Ich fühlte mich wohl in dem neuen Haus. Ein besonderer Treffpunkt war das Dach des Hauses, denn es war unsere Terrasse, die ich mit Pflanzen schmückte und auf der vor allem im heißen Sommer bis spät in die Nacht gefeiert, manchmal auch geschlafen wurde.

Manchmal schrieb ich meine Gedanken in ein Tagebuch, zum Beispiel über den Ärger, den ich mit den Mietern hatte, sie respektierten mich einfach nicht, da ich ja noch sehr jung war. Einmal fragte eine Mieterin nach der Mutter von Osman, sie erwartete für Geschäftsangelegenheiten eine ältere Frau. Ich habe auch geträumt von einem anderen Leben mit mehr Bildung und einem Beruf als Krankenschwester. Diese Idee verfolge ich bis heute in meinem Kopf."

Die Kinder wuchsen in einem intakten Elternhaus auf und haben daher auch sehr positive Kindheitserinnerungen.

Osman, an welche Ereignisse als Kind kannst du dich erinnern?

„Jeden Morgen ging ich zu meinem Großvater, der mich mit einem Milchbrötchen versorgte und mir Gedichte beibrachte. Ich war mächtig stolz, wenn ich diese Gedichte meiner Familie vortragen konnte. Opa erklärte mir auch die Bedeutung der Texte, die Lebensweisheiten beinhalteten. Ich erinnere mich auch gerne an die tollen

Spiele mit meinen Cousins. Zu Hause war es für mich in Anbetracht meiner vier Schwestern langweilig, aber meine Cousins waren ja in der direkten Nachbarschaft, manchmal übernachtete ich bei ihnen. In Syrien kamen in dieser Zeit Computerspiele und PlayStation auf, das war für uns Jungs natürlich eine große Attraktion.

Weniger schön waren die Erinnerungen an den Kindergarten, in den mich meine Eltern steckten. Ich sah den Sinn nicht ein, ich musste Buchstaben und Zahlen lernen, obwohl ich doch viel lieber mit meinen Cousins spielen wollte.“

Die Fahrt nach Mekka

Ein besonderes Ereignis für Ahmad und Amal war die Fahrt nach Mekka im Frühjahr 2011, um die Umrah zu zelebrieren. Die Fahrt nach Mekka ist die fünfte Säule des Islams. Von Gläubigen wird erwartet, dass sie einmal im Leben nach Mekka pilgern, entweder zur Hajj, die einmal im Jahr stattfindet und bei der sich über zwei Millionen Pilger gleichzeitig in Mekka versammeln, oder zur Umrah, die jederzeit durchgeführt werden kann und daher deutlich kleiner ist.

Hierüber berichtet Amal:

„Die Tour organisierte mein Schwager, der mit seiner Frau, Ahmad und mir auf die Pilgerreise nach Mekka aufbrach. Die Kinder ließen wir bei unserer Großfamilie. Nur meine kleine Tochter Halima kam mit, mit einem Baby im Arm war es kuschelig, aber doch manchmal etwas anstrengend. In einem großen Reisebus fuhren wir zwei Tage lang in die Heilige Stadt, der Reiseleiter war unser heimischer Imam. Die Fahrt war kompliziert, die Grenzkontrollen dauerten ewig lang, wir passierten erst die jordanische, dann die saudische Grenze. Es war sehr aufregend, denn es war das erste Mal, dass ich aus Syrien herauskam. Die Pilgerreise war mit einem touristischen Programm

verbunden, so lernten wir viel über die saudische Kultur und islamische Geschichte.

In Mekka blieben wir sieben Tage. An zwei der sieben Tage standen wir um 5.00 Uhr auf und zogen uns weiße Kleider an. Ahmad ließ sich am Vorabend rituell den Kopf kahlscheren. Wir fuhren noch vor dem Frühstück zur Kaaba und umrundeten mit Tausenden weiteren Pilgern sieben Mal die heilige Stätte. Es war sehr berührend, unfassbar, die vielen Menschen, die die gleichen Bewegungen machten, die gleichen Verse summten, jedes Mal fing ich an zu weinen und dankte Allah, dass ich Teil dieser heiligen Prozedur sein durfte. Wir tranken von der heiligen Quelle Zam-Zam, die von Allah gespendet wurde, nachdem der Stammvater Abraham und seine Frau Hagar Allah verzweifelt um Wasser baten, um ihren Sohn Ismail nicht verdursten zu lassen. Diese Quelle war der Ursprung der heiligen Stätte der Kaaba. Nach den Umrundungen der Kaaba fuhren wir wieder ins Hotel, um zu frühstücken. Am Nachmittag wiederholten wir die Prozeduren. Am Abend bevölkerten wir den Basar, um Souvenirs zu kaufen. An den übrigen Tagen besichtigten wir Kultstätten in der Umgebung. Im Anschluss an den Aufenthalt in Mekka fuhren wir nach Medina, wo wir fünf Tage blieben und an jedem Tag in die Moschee gingen, um an der Grabstätte von Mohammed für den ewigen Frieden zu beten. Ich muss sagen, Saudi-Arabien ist ein wirklich schönes Land, das sich gerade auch dem westlichen Tourismus geöffnet hat."

Etwas syrische Geschichte

Dieser frühe Teil der Familiengeschichte in Frieden und Wohlstand spielte sich vor dem Hintergrund von wirtschaftlich stabilen, aber politisch autoritären Verhältnissen ab, die ich hier zur besseren Einordnung kurz schildern möchte.

Bis 2011 war Syrien zwar eine Diktatur, aber ein stabiles Land, das sich mehr und mehr der westlichen Kultur öffnete. Nach dem Tod des syrischen Präsidenten Hafiz al-Assad im Jahre 2000 kam sein zweitältester Sohn Baschar al-Assad an die Macht, da der älteste Sohn Basil al-Assad 1994 bei einem Autounfall gestorben war. Baschar al-Assad galt anfangs als Modernisierer, er hatte in London studiert und dort geheiratet. Er ließ 600 politische Gefangene frei und führte das Internet ein. Allerdings zeigte er bald sein wahres Gesicht, als er im Frühjahr 2004 nach Demonstrationen Hunderte syrische Kurden, darunter auch Kinder, verhaften und töten ließ. Über Politik wurde wenig gesprochen, denn man wusste, das Regime überwachte alles. Dennoch fühlten sich die Menschen relativ sicher und frei, denn sie konnten reisen und ihnen ging es wirtschaftlich besser als ihren Eltern.

Die Wirtschaft wurde stark durch den Staat gelenkt. Die Erdölvorkommen erlaubten es, dass die Steuern niedrig und die Gesundheitsfürsorge sowie das staatliche Bildungssystem kostenlos waren. Gute Böden und ein gutes Klima erbrachten mehrere Ernten pro Jahr. Die Wohnungen waren günstig und die Arbeitslosigkeit niedrig. Um einen auskömmlichen Job zu haben, brauchte man keine Ausbildung. Man lernte im Geschäft der Eltern oder in einem befreundeten Handwerksbetrieb. Auch der Tourismus trug seinen Teil zum Wohlstand bei. Er beschränkte sich vornehmlich auf Kultur- und Religionsreisen, da es in Damaskus, Aleppo und Palmyra alte Moscheen und antike Stätten zu besichtigen gibt. Die Wachstumsraten erreichten in den 1990er- und 2000er-Jahren regelmäßig 5 % pro Jahr und mehr.

Die Gesellschaft wurde säkularer, die Religion wurde mehr und mehr zu einer Privatangelegenheit, in den Städten trugen nur wenige Frauen den Niqab oder die Abaya. Gleichzeitig verzeichnete die Gesellschaft eine rückläufige Geburtenrate von durchschnittlich über sieben Kinder im Jahre 1960 auf rund drei Kinder im Jahre 2007. Die Bevölkerung wuchs von ca. 5 Millionen im Jahre 1960 auf über 20 Millionen im Jahre 2010, allerdings mit abnehmender Tendenz. Die Alphabetisierungsquote stieg und die Sterblichkeitsrate, insbesondere die der Kinder, fiel. Schleichend nahm auch das Patriarchat ab, immer weniger hatten die Männer das alleinige Sagen bei Familienangelegenheiten. Selbst auf dem Land wurden Hochzeiten nicht mehr zwischen den Familien ausgehandelt, sondern die jungen Paare bekamen ein Mitspracherecht und konnten sogar selbst entscheiden, wie das Beispiel der Familie Al Said zeigt.

Alltag in Assads Regime

Ahmad, wie empfandest du die politischen und wirtschaftlichen Verhältnisse in Syrien in dieser Zeit?

„Über Politik habe ich wenig nachgedacht, das Land war wirtschaftlich stabil, die Infrastruktur war gut, die Krankenversorgung in den Krankenhäusern war kostenlos, nur die Ärzte mussten wir selbst bezahlen. Es gab keine verpflichtende Einzahlung in eine Rentenkasse, aber dies brauchten wir auch nicht, denn wir kümmerten uns selbst um unsere Eltern und Großeltern. Nur für Angestellte in den Behörden gab es eine Altersversorgung, die nicht nur für den Ruhestand der Person aufkam, die in die Rentenkasse einzahlte, sondern auch für die Ehepartner und die Töchter, so lange, bis sie verheiratet waren. Bücher brauchten wir nicht zu führen, denn wir waren Eigentümer unseres Geschäftes. Der öffentlichen Verwaltung mussten wir nichts vorlegen. Wir haben nur wenig Steuern bezahlt, gerade einmal 1 % unseres Jahresverdienstes. Kredite von einer Bank brauchten wir

nicht. Unsere Bank war unser Schrank, in dem sich unser erspartes Geld und Gold befanden. Je höher die Geldstapel, desto mehr konnten wir uns leisten.

Politik war in den Unterhaltungen tabu, insbesondere sprach man nicht über unseren Präsidenten Baschar al-Assad. Es wurde uns bereits in der Schule eingehend vermittelt, dass Baschar al-Assad ein guter Herrscher sei, der für Wohlstand sorgte. Kritiker gab es nicht und wenn, dann verschwanden diese gleich in den Gefängnissen. Von unseren Eltern wurde uns eingeimpft, dass die Wände ‚Ohren‘ haben. Nur heimlich auf der Straße und nur innerhalb des engsten Familienkreises trauten wir uns, über dieses Thema zu sprechen. Überall gab es Spione. Wenn eine uns nicht so vertraute Person hinzukam, wurde sofort das Thema gewechselt. Wir sahen aber auch die Vorteile des Polizeistaates, denn es gab kaum Diebstähle, kaum Verbrechen und wir brauchten kein Schließfach in einer Bank für unsere Ersparnisse."

II. Bürgerkrieg in Syrien

Im März 2011 begann der Bürgerkrieg in Syrien, bei dem sich bewaffnete Oppositionsgruppen und die Streitkräfte der syrischen Armee unter dem Kommando von Baschar al-Assad gegenüberstanden, der zunehmend autoritär über sein Land regierte. Es begann mit einer friedlichen Demonstration am 15. März 2011 gegen die Verhaftung von Kindern in der südsyrischen Stadt Dar'a. Die Kinder wurden beschuldigt, regimekritische Parolen an das Schulgebäude gemalt zu haben. Mehrere Menschen, auch Polizisten, wurden getötet. Ab April 2011 setzte das Regime auch die Armee gegen die Opposition ein. Demonstranten wurden systematisch verfolgt und getötet.

Ab Juli 2011 bildete sich aus desertierten Armeeangehörigen und Zivilisten die Freie Syrische Armee (FSA), die den Sturz des Regimes und eine Demokratisierung des Landes zum Ziel hatte. Sie war zunächst erfolgreich und brachte große Teile des Landes im Norden mit der Wirtschaftsmetropole Aleppo unter ihre Kontrolle. Auf der Seite der FSA kämpften jedoch verstärkt auch sunnitische Freiwillige, die ihre eigenen religiös geprägten Ziele verfolgten. Die FSA wurde mit Waffenlieferungen aus den USA, der Türkei und Saudi-Arabien unterstützt. Ab Mai 2013 schlossen sich die vom Iran finanzierten schiitischen Hisbollah vom Libanon kommend mit Assad zusammen. Russland unterstützte mit Luftangriffen. Außerdem erhoben sich die Kurden im Nordosten und reklamierten ein autonomes Gebiet.

Der Bürgerkrieg hatte immense zivile Opfer zur Folge. Ein Höhepunkt der Grausamkeiten gegen Zivilisten war der Giftgasangriff in Ghouta im August 2013. Unterschiedlichen Angaben zufolge starben bis zu 1.700 Menschen durch das verwendete Sarin, das aus den Beständen der syrischen Armee stammte. Immerhin waren die internationale Empörung und die Drohung der USA mit einem bewaffneten Gegenschlag so groß, dass die syrische Armee ihr Giftgasarsenal unter internationale Kontrolle stellte und vernichtete.

Tote gab es nicht nur durch Kampfhandlungen, sondern auch durch die zusammenbrechende öffentliche Versorgung und Ordnung. Dieses Vakuum nutzten die radikalen Kräfte des sogenannten Islamischen Staates (IS), die Mitte 2013 Ar-Raqqa eroberten und brutal ihre radikalen religiösen Vorstellungen mit Drangsalierungen der Bevölkerung bis zu öffentlichen Hinrichtungen durchsetzten.

Syrien zerfiel so in de facto vier Gebiete, die von den jeweiligen dort herrschenden Gruppen kontrolliert wurden, die FSA im Nordwesten, das Assad-Regime im Süden um die Hauptstadt Damaskus, die Kurden im Norden und der IS im Osten.

Im weiteren Verlauf der Auseinandersetzungen eroberten die Regierungstruppen weite Teile des Nordens, so auch die Stadt Aleppo, zurück. Wohnviertel, Krankenhäuser, Schulen und die Infrastruktur wurden systematisch zerstört. Der Internationalen Allianz gegen den IS gelang es mit Unterstützung der kurdischen Milizen, den IS bis 2017 so weit zurückzudrängen, dass er keine ernste Gefahr mehr darstellte. Reste des IS verblieben im Irak und der syrischen Wüste.

Die Türkei besetzte im Oktober 2019 das Grenzgebiet zu den Kurden, um einen Puffer zu schaffen, denn sie fürchtete bewaffnete Angriffe der mit der Türkei verfeindeten Kurden. Gleichzeitig zog sich die Türkei aus der Nordwestprovinz Idlib zurück, sodass radikalere Kräfte aus ehemaligen Al-Qaida-Kämpfern zunehmend an Einfluss gewannen und die gemäßigteren Rebellen verdrängten.

Im Februar 2020 kam es auf Vermittlung der Türkei und Russlands zu einem Waffenstillstand zwischen der Assad-Regierung und den Rebellen in Idlib, mit der Folge, dass die Kämpfe in Syrien endlich zu einem Ende kamen. Der Wiederaufbau kam jedoch nur schleppend voran, da Baschar al-Assad die Hilfslieferungen in den besonders zerstörten Norden des Landes blockierte. Die Kämpfe flammten immer mal wieder auf, ohne dass eine Seite erhebliche Bodengewinne machen konnte.

Erst der Sturz von Bashar al-Assad am 8. Dezember 2024 brachte die Wende. Die Syrer jubelten, weil die Schreckensherrschaft der Familie Assad beendet ist, aber was folgt ist ungewiss. Erst wenn das neue Regime human agiert und Sicherheit schafft, entspannt sich die Lage so, dass Flüchtlinge in großer Zahl zurückkehren.

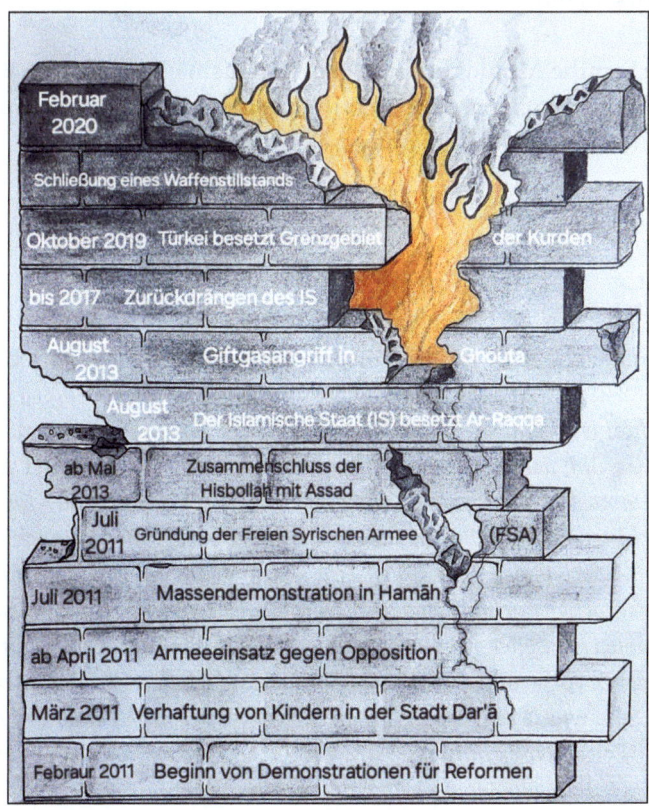

Bei den unterschiedlichen Auseinandersetzungen starben gemäß den Angaben der UN durch Kampfhandlungen und den Zusammenbruch der Versorgungssysteme mehr als 500.000 Zivilisten. Amnesty International stellte in einem Bericht im Februar 2017 fest, dass zwischen 2011 und 2015 allein in dem Militärgefängnis Saidnaja bei Damaskus ca. 5.000 bis 13.000 Gefangene ohne rechtmäßiges Verfahren zum Tode verurteilt und umgebracht wurden. Nach Angaben des Hohen Flüchtlingskommissars der Vereinten Nationen (UNHCR) flohen mehr als 13 Millionen Syrer, davon ca. eine Hälfte in andere Teile des Landes und die andere Hälfte ins Ausland, hauptsächlich in die Türkei. Von dort machten sich über 1,2 Millionen Flüchtlinge auf den Weg nach Europa, davon über 800.000 Menschen nach Deutschland.

Die Familie Al Said war in so großem Ausmaß von diesem Bürgerkrieg betroffen, dass sich ihr Leben in Frieden und Wohlstand radikal änderte. Was geschah?

Die Familie in Kriegszeiten

Ahmad, wie habt ihr den Ausbruch des Bürgerkrieges erlebt?

„Schon während der Rückfahrt aus Mekka hatten wir ein mulmiges Gefühl, denn wir hörten im Radio von den Ereignissen in Dar'a. In Damaskus merkten wir noch nichts, außer dass überall – in der Nachbarschaft, im Basar, auf den Straßen, beim Kaffeetrinken und beim Kartenspiel – die Ereignisse in Dar'a das Top-Thema waren. Wir sprachen darüber, was passieren würde, wenn auch in Damaskus demonstriert oder gar geschossen würde. Die Brutalität des Militärs an der Bevölkerung, vor allem an Frauen und Kindern, empörten uns. In Dar'a wurde ein kleiner Junge verhaftet, der nach seiner Freilassung Folterspuren aufwies. Wir wussten, dass es so nicht weitergehen konnte. Fast alle waren gegen das Regime, aber wir wussten nicht,

wer Anhänger von Assad war, sodass wir uns bei unseren politischen Äußerungen stets vorsichtig verhalten mussten. Der Basar wurde ruhiger, die Touristenströme ebbten ab, immer weniger Geld landete in unseren Kassen. Wir beschlossen einen großen Ausverkauf zu extrem günstigen Preisen, bevor wir im Dezember 2011 unser Geschäft schlossen, da wir praktisch keine Einnahmen mehr erzielen konnten. Wir nahmen unser Geld und die Wertsachen mit nach Hause, die nicht verkauften Waren lagerten wir in einer Garage."

Ab Beginn des Jahres 2012 gab es Demonstrationen auch in anderen Städten, insbesondere in Homs mit vielen Toten. Das Militär von Bashar al-Assad griff die Bevölkerung so brutal an, dass viele von Massenmord sprachen. Dies wiegelte die Bevölkerung noch mehr auf und es entwickelte sich im ganzen Land eine von Angst und Hass erfüllte Stimmung auf den Straßen. Die Familie Al Said lebte von ihren Ersparnissen. In Damaskus blieb es zunächst noch ruhig, aber der Bürgerkrieg war schon spürbar.

Ahmad, wie habt ihr ohne Einnahmen und mit der Angst, dass es noch schlimmer kommen könnte, gelebt?

„Wir mussten von unseren Ersparnissen leben, Geld und Gold haben wir in unserer Wohnung aufbewahrt, aber der zunehmende Werteverfall lehrte uns Vorsicht. Wir versteckten unser Vermögen an einem sicheren Ort in unserem Haus. Aber alles funktionierte noch, die Geschäfte waren offen, es gab genug Lebensmittel und Alltagsgegenstände zu kaufen, auch Banken, Supermärkte, Friseure, Drogerien, Bäckereien sowie die öffentlichen Verwaltungen waren offen und funktionierten wie vor den Unruhen. Unsere ältesten Kinder Lina und Osman kamen in die Schule, die noch geöffnet hatte. Dennoch, wir hatten Angst, dass alles noch viel schlimmer kommen könnte. Die Angst war schleichend, so als ob eine Krankheit sich immer mehr ausbreitet, erst unmerklich, dann stetig immer mehr, bis sie unerträglich wurde. Wir hörten immer schlimmere Nachrichten, vor allem aus Homs, das sich mittlerweile im wahren Bürgerkriegszustand befand. Die Demonstranten waren bewaffnet, es mischten sich auch radikale Gruppen wie der IS unter die Protestierenden.

Im Januar 2013 klingelte eine uns fremde Familie mit acht Erwachsenen und einigen Kindern an unserer Haustür. Es waren Flüchtlinge aus Homs. Sie waren verzweifelt und baten dringend um Aufnahme. Wir räumten eine Etage in unserem Haus. Diese Etage war vorher an eine pakistanische Familie vermietet, die infolge des Bürgerkrieges zurück in ihre Heimat reiste. Wir gaben den armen Menschen Essen und Getränke. Auch unsere Nachbarn halfen mit. Zwei Männer der fremden Familie konnten Zähne reparieren und säubern, so ließen wir uns alle die Zähne machen. Die Männer freuten sich, dass sie nützlich waren. Sie verstanden ihre Handwerkskunst besser als mancher studierte Zahnarzt. Wir lebten jedoch weiter in Angst und Schrecken, die Kinder konnten nur schlecht schlafen und weinten viel. Eines Tages hörte ich, wie ein Nachbar auf der Straße schrie: ‚Der Krieg kommt!' Diese Worte elektrisierten mich so sehr, dass ich vor Schreck eine heiße Teekanne fallen ließ, ausgerechnet auf die Füße meiner Tochter Jamila. Wir schmierten sofort kalten Joghurt auf ihre Brandwunde, um sie zu kühlen.

Im Sommer 2013 hörten wir Raketen, die in der Nähe unserer Wohnsiedlung einschlugen. Die Flüchtlingsfamilie war plötzlich verschwunden, wir wussten nicht, wo sie waren. Wir dachten, sie fliehen weiter, da sie sich bei uns nicht mehr sicher fühlten. Ich besprach mit meinem Vater und meinem älteren Bruder, was ich tun sollte. Sie rieten mir zur Flucht an einen sicheren Ort, vor allem, da Amal hochschwanger war. So fuhren wir zu Amals Eltern in ihr Dorf, das noch nicht vom Bürgerkrieg betroffen war. Im August 2013 wurde unser Sohn Mohamed mithilfe einer Hebamme geboren. Die Umstände konnten nicht widriger sein, aber immerhin hatten wir noch Frieden in dem Dorf und alle Familienmitglieder waren unversehrt."

Aber schon nach ein paar Wochen seid ihr wieder in euer Haus in Damaskus zurückgekehrt – warum?

„Ich stand mit meinem älteren Bruder, meinem Vater und Nachbarn in engem Kontakt. Sie erzählten mir von Diebstählen in leerstehenden Wohnungen. Auch kam das Militär auf der Suche nach Rädelsführern in die Häuser. Wenn sie diese nicht fanden, nahmen sie Geld, Gold und Schmuck einfach mit. Außerdem hatte ich ein schlechtes Gewissen, wenn ich mich aus dem Staub machte, während meine Freunde und meine Geschwister ihr Leben riskierten, um gegen das Regime zu demonstrieren. Da es in Damaskus etwas ruhiger wurde, entschloss ich mich, mit meiner Familie nach Hause zurückzukehren, aber nur vorübergehend, um unsere Angelegenheiten zu regeln.

Glücklicherweise stand unser Haus noch, alles war noch da, so wie wir es hinterlassen hatten. Mit meinen Nachbarn beschlossen wir, auch etwas zu tun. Wir bastelten Plakate, auf denen stand ‚Assad muss weg', ‚Endlich Frieden' oder ‚Hört auf zu schießen'. Zunächst gingen wir jeden Freitag nach dem Moscheegang auf die Straße, später jeden Tag. Aber es war höchst gefährlich, es wurde geprügelt, scharf geschossen und Spione unter den Demonstranten konnten denunzieren.

Eines Tages schepperte es an der Haustür, Soldaten drangen ein und fragten Amal, wo ich sei, denn ich würde als Rädelsführer der

Demonstrationen gesucht. Ich war zu diesem Zeitpunkt Einkäufe erledigen. Nach lautstarker Auseinandersetzung und Gepolter zogen sie wieder ab mit der Drohung, wiederzukommen, um mich ins Gefängnis zu werfen.

Nach meiner Rückkehr berichtete Amal völlig aufgelöst von diesem Vorfall. Wir mussten weg; noch am gleichen Tag lud ich alle Kinder und Amal in mein Auto und fuhr wieder zu Amals Eltern."

Der Verlust der Heimat

Wenig später hörte die Familie, dass ihr Stadtviertel in Damaskus vom Militär in Schutt und Asche gelegt wurde. Es hagelte Bomben, zahlreiche Feuer wurden gelegt. Die Feuerwehr war angewiesen, nichts zu tun, so wie es das Militär befohlen hatte. Auch das Haus von Amal und Ahmad brannte drei Tage lang und alle Habseligkeiten waren verbrannt, inklusive des Warendepots in der Garage.

Amal, wie hast du reagiert, als du erfuhrst, dass dein Haus völlig zerstört war?

„Ich weinte bitterlich, alle unsere Habseligkeiten, unsere Heimat war verloren, glücklicherweise hatten wir die Wertsachen, Geld und Gold bei uns und wir hatten unsere Kinder, das ist ja das Wichtigste."

Doch bald wurde es auch in diesem Dorf zu unsicher und die Familie zog weiter zu einer Schwester von Ahmad nach Al Bakdlia, einem anderen Vorort von Damaskus, der noch sicher schien. Außerdem hatte sie eine große Wohnung, in der alle, mittlerweile acht Personen, unterkamen.

Ahmad, wie kam es denn, dass ihr auch dort nicht lange geblieben seid?

„Eines Tages hörte ich von einem Freund, dass es in dem Neubauviertel in Adra al Omalia sicher sei. Die Luftwaffe wird ja nicht ein Viertel bombardieren, das gerade erst gebaut war, wo noch keine Menschen lebten. Die großen Wohnblocks mit insgesamt 500 Wohnungen waren gerade fertiggestellt, aber infolge des Bürgerkrieges noch nicht bewohnt. Ich war einer der Ersten, die davon Wind bekamen. So zog ich mit Amal und allen Kindern sowie mit meinem jüngeren Bruder und seiner Familie in eine große Wohnung im 4. Stock, die wie alle anderen leer war. Diese Fluchtmöglichkeit verbreitete sich wie ein Lauffeuer und so waren innerhalb von zwei Tagen alle Wohnungen besetzt. Wir besorgten uns Matratzen zum Schlafen, einen Kühlschrank und campierten notdürftig auf dem Betonboden. Tagsüber bevölkerten wir den Basar, der dank der vielen Flüchtlinge richtig belebt war. Es gab Wasser und Strom, aber keine Heizung. Auch hier plagte uns die Angst. Ich wurde ja noch vom Militär verfolgt und in den Nachbarorten hörten wir Bombeneinschläge."

Während dieser Zeit erreichte euch eine schlechte Nachricht, was war los?

„Ja die Nachricht war wirklich sehr bedrückend. Mein zweitältester Bruder lebte in dieser chaotischen Zeit mit seiner Frau und seinen drei Kindern in einem leerstehenden Hotel in Damaskus. Eines Tages machten mein Bruder und seine Frau ohne ihre Kinder einen Spaziergang. Als ganz in der Nähe auf einem belebten Platz eine Bombe einschlug, rannten sie weg. Das Militär dachte, sie seien Regimegegner und sperrten sie ein. Wir hörten trotz ständiger Nachfragen nichts. Freunde brachten die Kinder zunächst bei uns und dann bei meiner Schwester unter. Um sie zu schonen, sagten wir, dass ihre Eltern verreist seien und bald wiederkommen. Aus dem Gefängnis drang keine Nachricht heraus. Wir sammelten Geld, das wir Leuten gaben, die Gefängniswärter kannten, wir wollten nur eine Nachricht über den Verbleib meines Bruders und seiner Frau erhalten. Immer wieder gaben wir verschiedenen Leuten Geld, die irgendwie mit dem Gefängnis zu tun hatten. Aber da war nichts, gar nichts, keinerlei Nachricht. Die Leute nahmen unser Geld, sie logen uns etwas vor, dass sie angeblich

Leute kannten, die sie aber gar nicht kannten, nur um Geld zu krie-
gen. Bis heute haben wir nichts mehr von meinem Bruder und seiner
Frau gehört. Wurden sie gefoltert? Mussten sie Durst und Hunger
leiden? Wurden sie ermordet? Wir wissen es nicht, bis zum heutigen
Tage. Für die Kinder war das natürlich ganz schrecklich. Die Eltern
gingen auf eine Reise und kamen nie zurück. Hoffentlich sind sie im
Himmel und nicht in einer Folterkammer des Regimes. Die Kinder
leben jetzt bei meiner Schwester in der Türkei."

Lina, du erzähltest mir auch von deinen Erinnerungen an diese
schreckliche Zeit.

„Ja, es war für uns schlimm, meine Eltern waren ständig in Sorge
und das drückte auf die Stimmung. Auf der Straße sah ich Männer,
die wild um sich schossen, ich verstand nicht, warum. Ich sah beim
Spaziergang mit meinen Eltern auch Leichen auf der Straße. Mein
Vater ermahnte mich immer, nicht hinzuschauen, denn er hatte Angst,
dass auch er erschossen wird."

Das war schrecklich, aber solche Nachrichten betrafen viele Familien. Ahmad, wie lange bliebt ihr in Adra al Omalia?

„Eines Morgens weckten uns zwei maskierte Männer, die uns freund-
lich aufforderten, in den Keller zu gehen. Es sei nichts Schlimmes,
es dauere nur zwei Tage. So drängelten wir uns mit allen anderen
Bewohnern des Hauses, etwa 100 Personen, in zehn kleinen dunk-
len Kellerräumen, ohne Wasser, ohne Essen, ohne Strom und ohne
Toilette. Tagsüber kam Licht durch die kleinen Kellerfenster, abends
zündeten wir Kerzen an. Aus den zwei Tagen wurden 20 Tage. Bald
erfuhren wir von der Herkunft der eigenartigen Männer. Sie gehörten
zu den Terroristen des IS und hatten sich in einer größeren Gruppe
in den Wohnblocks versteckt. Schon am ersten Tag im Keller griffen
syrische Bomber an, die es auf die Männer des IS abgesehen hatten.
Wir hörten das Gedonner der Einschläge, Tag und Nacht, es gab nur
wenige Feuerpausen, die wir nutzten, um oben auf Toilette zu gehen.
Mutige nutzten die Pause auch, um Lebensmittel und Wasser zu be-

sorgen. Ein Bewohner brachte vom Basar Mehl mit. Jetzt zahlte sich mein Schülerpraktikum bei einem Bäcker aus, denn auf einer provisorischen Feuerstelle backte ich mit Mehl und Wasser viele Brote, von dem alle 100 Personen aßen.

Endlich, nach 20 Tagen, wurde eine Feuerpause vereinbart, sodass wir fliehen konnten. Alle Menschen rannten aus den Kellerräumen raus auf die Straße, es werden mehrere Tausend Menschen gewesen sein. Wir flohen alle in Richtung Autobahn, um von dort in vermeintlich sicherere Orte zu gelangen. Wir wollten nach Jaramana fliehen, einem noch nicht betroffenen Ort bei Damaskus, wo meine zweite Schwester lebte. Es war wie ein Massenexodus, alles rannte in eine Richtung. Auf dem Weg geschah noch etwas, das uns einen mächtigen Schrecken einjagte: Plötzlich war unser Sohn Osman weg, einfach nicht mehr da, wie vom Erdboden verschluckt. Ich ging auf *einen nahegelegenen Hügel, um etwas Überblick über die Masse an Menschen zu erhalten. Kein Osman nirgends und nur Menschen und Menschen, die in ihrer Panik nur mit sich selbst beschäftigt waren. Ich blieb bei meiner Familie, beauftragte aber meinen Bruder, nach Osman zu suchen. Ich sagte ihm, dass Osman einen roten Teppichumhang um sich gewickelt hatte, den er immer trug, wenn es kalt war."*

Osman, wie kam es dazu, dass du plötzlich weg warst?

„Ich hielt mich an Mamas Rock fest, doch dann sah ich am Boden eine Gewehrpatrone. In meiner Neugier hob ich sie auf und betrachtete sie. Dann hielt ich mich wieder an einem Rock fest, nur der gehörte nicht meiner Mutter, sondern einer anderen Frau. Ich weinte bitterlich und wollte zu meiner Mama. Die Frau war sehr nett zu mir und versprach mir, dass ich bei ihr bleiben könnte, wenn wir die Eltern nicht mehr finden, dann wäre ich eben ihr Sohn. Unterwegs hielt uns ein Reporter auf, der mich nach meinen Erlebnissen und Wünschen fragte, ich sagte nur, ich wolle zu meiner Mutter. Das verstand er gar nicht, denn ich hing ja am Rockzipfel dieser Frau. Doch dann, wie ein Wunder, sah mich mein Onkel, der mich wieder zu meiner richtigen Mutter brachte. Was für ein Wiedersehen in dieser Masse, wir brachen alle in Tränen aus."

Das ging ja noch mal gut. Ahmad, wie habt ihr das nächste Ziel auf eurer Odyssee erreicht?

„Die Menschen waren sehr hilfsbereit, die Masse Mensch ergoss sich entlang der Autobahn, alle Autos, die Platz hatten, hielten an. So fuhren wir – meine Familie und die meines Bruders, insgesamt 13 Personen – auf der Ladefläche eines Pick-up-Trucks bis Damaskus und von dort mit einem Taxi nach Jaramana zu meiner Schwester, die kinderlos war. Sie hatte allerdings nur eine 50 qm große Wohnung. Sie zog sich in ihr kleines Schlafzimmer zurück und wir campierten mit 13 Personen im Wohnzimmer auf der Couch und auf notdürftig von Nachbarn besorgten Matratzen. Es war sehr eng, deshalb konnten wir hier nicht lange bleiben."

III. Flucht aus Syrien

Die Verhältnisse in Syrien spitzten sich immer mehr zu. Es gab praktisch keinen Ort im Lande, an dem man sich noch sicher fühlte. Die wirtschaftlichen Verhältnisse waren so schlecht, dass viele Familien sich nur mühsam ernähren konnten und kein Zuhause mehr hatten. So verbreiteten sich Fluchtgedanken, die auch vor der Familie Al Said nicht Halt machten.

Auf der Flucht in den Libanon

Ahmad, wie kam es dazu, dass ihr außer Landes fliehen wolltet?

„Wir besprachen uns und kamen zu dem Schluss, dass wir Syrien verlassen müssen. Nirgendwo ist es mehr sicher, wir müssen es irgendwie ins Ausland schaffen. Der Bruder von Amal lebte in einem Ort, nahe der syrisch-jordanischen Grenze. Mein jüngerer Bruder entschloss sich, mit mir mitzufahren, um von dort über die ‚grüne Grenze' nach Jordanien zu gelangen, die Situation dort auszukundschaften und um uns danach nachzuholen. Er blieb einige Tage, um Fluchthelfer zu finden, die kleine Wege durch die Wüste kannten. So gelang es ihm eines Nachts mithilfe eines Helfers, den er natürlich bezahlen musste, mit seiner Familie nach Zaatari zu fliehen, einer riesigen Zeltstadt für Flüchtlinge aus Syrien."

Zaatari ist eines der weltgrößten Flüchtlingscamps mit heute geschätzt 80.000 Einwohnern. Es ist praktisch eine neue Stadt aus der Retorte mit vielen Straßen, Geschäften, Imbissbuden, Schulen, Banken, Reisebüros etc.

Und da wolltet ihr auch hin?

„Ja, so war der Plan. Wir verließen Jaramana und fuhren zunächst zu Amals Bruder. Während wir uns nach Fluchthelfern umsahen, erfuhren wir, dass alle, auch die kleinsten Pfade, vom Militär besetzt waren, ein Durchkommen war nicht mehr möglich. Die Grenze war komplett dicht. Nach sieben Tagen, es war Silvester 2013/14, fuhren wir enttäuscht wieder nach Jaramana zurück. Mein Bruder blieb mit seiner Frau und den vier Kindern in Jordanien. Er lebt heute in Amman und hat auch eine dauerhafte Arbeit erhalten."

Und wie habt ihr es dennoch geschafft, ins Ausland zu gelangen?

„Ich erinnerte mich an einen Freund im Libanon, der unser ehemaliger Nachbar war. Ich wusste, dass er sich im Libanon aufhielt. Ich rief ihn an, um mit ihm zu besprechen, ob ich meine Familie dorthin bringen könnte. Die Flucht über die Berge war gefährlich, mit überraschenden Militärkontrollen musste stets gerechnet werden. Wir beschlossen, uns um eine legale Ausreise zu bemühen. Amal, Halima und ich hatten ja bereits syrische Pässe, da wir diese für unsere Reise nach Mekka benötigten. Die Pässe in Syrien werden von der Polizeibehörde ausgestellt. Ich traute mich jedoch nicht dorthin, weil ich Angst vor einer Verhaftung hatte. So wandte ich mich an ein privates Vermittlungsbüro, das die Unterlagen zur Beantragung von Pässen vorbereitet und Fotos erstellt. Dieses Büro erledigte alle Formalitäten mit der Polizei, ich hatte also keinen Ärger, musste aber pro Pass 200 US-Dollar bezahlen, darin war die saftige Vermittlungsgebühr enthalten. Einige Tage später konnte ich die Pässe abholen. Ob da Schmiergelder geflossen waren, kann ich nicht beurteilen, ich vermute aber, dass es so war. So hatten wir acht Personen unserer Familie alle Pässe und waren für den nächsten Fluchtversuch gerüstet.

Ich erkundigte mich, wie wir in den Libanon kommen könnten. Trotz der Pässe war das nicht einfach. Man musste mit Militärkontrollen rechnen und die zu überwinden, kostete viel Geld. Mittlerweile entwickelte sich ein neues, sehr einträgliches ‚Business', von dem die Militärangehörigen und die Fluchthelfer gleichermaßen profitierten, nämlich die Ausbeutung aller Personen, die das vom Bürgerkrieg gezeichnete Land verlassen wollten. Ich fand einen Taxifahrer, der die

Fahrt vornehmen konnte. Er sagte, wir sollten uns bereithalten, bis wir einen Anruf von ihm bekämen. Eines Nachts wurde ich um zwei Uhr geweckt, mir wurde gesagt, dass wir alle um 6.00 Uhr abreisebereit sein müssten. Der Taxifahrer kam mit einem großen Auto, in das wir alle reinpassten. Ich überreichte ihm die geforderten 35.000 Dollar, das war richtig viel Geld für mich, fast alles, was ich hatte, mir blieben nur noch 900 Dollar. Der Fahrer entschuldigte sich für die hohe Summe, ihm blieben angeblich ‚nur' 2.000 Dollar, der Rest, sei für die Militär- und Grenzkontrollen. Wir fuhren los, unsere Gefühle schwankten zwischen gespannter Angst und Hoffnung, unsere Kinder blieben ruhig, denn sie kannten nicht die Brisanz der Angelegenheit. Wir wurden an zwei Militärkontrollen angehalten, die Gesichter der Soldaten blickten grimmig und geringschätzig. Sie verlangten unsere Dokumente, der Taxifahrer reichte die Dokumente mit einigen Geldscheinen heraus, danach hellten sich die Gesichter auf und wir konnten weiterfahren. Ein zweites Mal war es ähnlich, ich verhielt mich vor Angst ganz ruhig und senkte mein Gesicht, so bekam ich gar nicht mit, was genau passierte. Dann kamen wir an die Grenze und es wurde noch aufregender. Wir verhielten uns ganz ruhig, alle Pässe wurden uns abgenommen. Nach einiger Wartezeit kam der Grenzbeamte mit den Ausreisestempeln zurück, das restliche Geld wurde bezahlt. Offensichtlich kannte unser Taxifahrer die Grenzbeamten, sonst wäre es nie so reibungslos gelaufen.

Im Mai 2014 fuhren wir über die Grenze. Dies war der Beginn der Freiheit, ich fühlte mich wie neugeboren. Dann erreichten wir die libanesische Seite, hier erhielten wir einen Einreisestempel mit dem Gebührenbescheid von den Offiziellen: Ein Dollar pro Person, die wir gerne bezahlten. Hier war offensichtlich die Welt noch nicht durch Bestechung verseucht. Was war das für ein Unterschied! Wir merkten, wir sind endlich in einer normalen Welt angekommen, keine Bomben, keine Spitzel, keine Militärkontrollen, keine Schmiergelder, wir waren so glücklich, dass wir diese verdorbene und menschenverachtende Welt endlich hinter uns gelassen hatten. Unser Fahrer hielt kurz nach der Grenze an, er wollte wieder zurück zu seiner Familie. Vielleicht warteten auch schon die nächsten Flüchtlinge auf ihn.

So nahmen wir einen Kleinbus, der uns nach Saida brachte, wo unser Freund uns herzlich empfing. Er hatte schon vorgesorgt und uns in einer kleinen Wohnung untergebracht. Wir atmeten tief durch: Endlich Freiheit, endlich Frieden, als ob sich ein tosender Sturm im Meer gelegt hatte und die Wellen des Meeres ganz ruhig und sanft im Sonnenschein schaukelten.“

Das Leben im Libanon

Ahmad, was könnt ihr aus der ersten Zeit im Libanon berichten?

„Unser Glücksgefühl wurde überschattet durch Geldsorgen. Wir mussten an den Vermieter 250 Dollar Miete pro Monat im Voraus in bar bezahlen, für eine kleine Wohnung mit einem Wohnzimmer, einem Badezimmer und einer Küche, teuer, aber kein überhöhter Preis. Wie sollten wir das längerfristig bezahlen, ich hatte ja nur noch Ersparnisse von 900 Dollar. Ich besorgte Matratzen und eine Gasflasche, um zu kochen. So rann uns das Geld aus den Händen. Wir wussten

*nicht, wie das weitergehen würde, aber dennoch waren wir zufrieden,
denn wir hatten unser Ziel erreicht. Hier war es sicher und irgend-
jemand wird uns schon helfen.*

*Ich musste unbedingt arbeiten, um Geld zu verdienen. Bereits am
zweiten Tag nach meiner Ankunft klapperte ich daher alle Läden
in Saida ab und fragte nach Arbeit. Bei der Vielzahl der syrischen
Flüchtlinge bekam ich überall eine Absage. Am dritten Tag ging
ich wieder auf Arbeitssuche, ich kaufte Lebensmittel und weiß das
heute noch ganz genau: Am Abend waren ganze 200 Dollar in meinem Portemonnaie.*

*Am vierten Tag ging ich zu dem großen Supermarkt und bat den
Filialleiter verzweifelt um Arbeit. Er sagte mir, er habe was für
mich, ich müsse mir schwarze Klamotten anziehen, ich müsse ihm
100 Dollar pro Monat geben, wohlgemerkt geben, und dann dürfe
ich ohne Bezahlung arbeiten. Ich stutzte. Wie denn das? Ich erfuhr,
dass mein Job darin bestand, den Kunden an den Kassen beim Ein-
packen zu helfen und ihre Taschen zum Auto zu tragen, dann könne
ich Trinkgeld bekommen. In meiner Not nahm ich diese Arbeit an.
Ich bekam pro Tag ca. 25 – 30 Dollar Trinkgeld, nach Abzug der
Provision für meinen Chef blieben mir nach 20 Werktagen Arbeit
ca. 400 – 500 Dollar pro Monat. So konnte ich so gerade die Miete, Strom, Wasser und Lebensmittel bezahlen. Ich arbeitete dort
acht lange Monate.*

*Dann erfuhr ich von meinem Freund, dass er nach Europa gehen wolle.
Er bot mir seinen Job als Hausmeister in einer privaten Schule an, das
war viel besser, ich konnte mein handwerkliches Geschick ausspielen.
Ich bekam den Job. Es war eine private Oberschule mit nur ca. 120
Kindern von der 7. bis zur 12. Klasse. Die Eltern der Schüler waren
meist reich, das war sehr günstig für mich. Die Frau des Schulleiters
war selbst Lehrerin, sie beauftragte mich mit einigen Extra-Arbeiten.
Ich reparierte fast alles, was irgendwie kaputt aussah, so bekam ich
neben meinem Lohn von 400 Dollar pro Monat zusätzlich noch 50 –
100 Dollar Trinkgeld. Diesen Job hatte ich bis Juli 2015."*

Amal, wie hast du dich denn beschäftigt in dieser Zeit im Libanon?

„Ich sorgte in erster Linie für die Kinder, ich musste mit sehr wenig Geld auskommen. Ständig hielt ich Ausschau nach Billigangeboten von Lebensmitteln. Ich nahm auch die Hilfe einer arabischen Wohltätigkeitsorganisation in Anspruch. Sie gab uns schon mal kostenlos Kleidung und Gebrauchsgegenstände. Außerdem war UNICEF in dem Ort tätig. Diese Organisation gab an die Flüchtlinge Gutscheine von 20 Dollar pro Person und Monat. Diese Gutscheine konnten in bestimmten Lebensmittelgeschäften eingelöst werden. Eine andere Organisation bot Aktivitäten für mich und meine Kinder an. Es gab Nähkurse, man konnte Malen, Brettspiele und Schach spielen. Wir bekamen sogar etwas Geld für die Busfahrt dorthin und von dort zurück. Aber wir sparten dieses Geld und gingen die fünf Kilometer lieber zu Fuß. Das hat uns nichts ausgemacht, denn wir waren ja mit den anderen Flüchtlingsfamilien unterwegs und hatten viel Spaß dabei. Später kam das Goethe-Institut hinzu, das Fußball anbot. Alle Kinder erhielten Trikots mit der Aufschrift: ‚Goethe-Institut‘. Es gab Bälle und kostenloses Training, nicht nur Osman, sondern auch Lina, Jamila und selbst die kleine Jasmin mit ihren sechs Jahren spielten begeistert Fußball zusammen mit den anderen Kindern.

Ich muss sagen, es war eigentlich eine schöne Zeit, ich hatte viel Kontakt zu anderen syrischen Frauen und meine Kinder hatten viel Spaß beim Spielen. Die älteren gingen auch zur Schule, es waren sogar Extra-Klassen für Flüchtlingskinder eingerichtet.“

Osman, wie hast du denn das Leben in Saida empfunden?

„Ich habe sehr gute Erinnerungen daran, ich war immer draußen und habe gespielt. Auf die Schule hatte ich keine Lust, aber das war auch okay, denn die fand ja ohnehin nur unregelmäßig statt, und zwar am Nachmittag, denn vormittags waren die libanesischen Kinder in der Schule. Wir waren 30 Kinder in der Klasse. Wir wurden von einem Schulbus abgeholt, manchmal warteten wir über eine Stunde und wenn er nicht kam, dann fand eben keine Schule

statt. Wir lernten Arabisch, Rechnen, Biologie und Englisch. Die Klassen waren verkürzt, die erste Klasse dauerte nur ein halbes Jahr, denn es gab einfach zu viele Kinder und zu wenig Lehrer. Da ich in allen Prüfungen durchfiel, wiederholte ich die erste Klasse, jetzt war ich mit Jamila in einer Klasse, wir saßen sogar nebeneinander. Jamila war viel fleißiger als ich. Da sie zudem ein ruhiges Kind war, wurde sie von unserer Lehrerin sehr geschätzt und zur Klassensprecherin auserkoren. Ihre hauptsächliche Aufgabe bestand darin, die Kinder, die bei der Abwesenheit der Lehrerin Unsinn machten, an die Tafel zu schreiben. Jamila wollte sich bei den anderen Kindern natürlich nicht unbeliebt machen, so schrieb sie immer mich auf, obwohl ich gar nichts Schlimmes gemacht habe. Dann ‚durfte‘ ich in der Ecke stehen, manchmal nur auf einem Bein. Ich war meiner Schwester jedoch nicht böse, denn mir war eigentlich alles, was in der Schule passierte, egal. Ich wollte nur mit meinen Freunden Fußball und Murmeln spielen. Wir gruben Löcher in die Sandpisten und versuchten, die kleinen Kugeln in die Löcher zu werfen. Wenn uns das nicht gelang, haben wir versucht, dies in einem zweiten Wurf zu schaffen, so lange, bis es klappte. Natürlich konnten wir auch die gegnerische Murmel wegschießen, also eine Art syrisches Boule-Spiel.

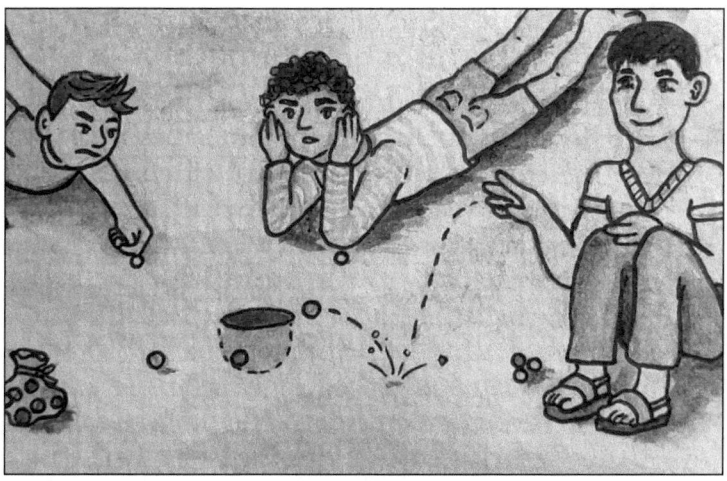

Erneut näherte sich das Ende der ersten Klasse und es standen Prü-
fungen an. Ich setzte mich neben Jamila, denn ich wollte von ihr ab-
schreiben. Selbst dies war mir zu anstrengend, so sagte ich mitten
in der Prüfung, ich müsse auf Toilette, Jamila, bitte schreibe doch
für mich die Prüfungsaufgaben zu Ende. Ich musste natürlich nicht,
so nutzte ich die freie Zeit, um in der Zwischenzeit im Sekretariat
Stifte und Schulblöcke für meine Familie zu sammeln, dies war er-
laubt, Schulmaterial gab es umsonst. Als ich wieder in die Klasse
kam, war die Stunde fast vorbei. Jamila hatte wirklich meine Arbeit
weiterbearbeitet, aber nicht alles, jetzt musste sie ja ihre eigene Prü-
fungsarbeit weiterschreiben. Sie schaffte aber weder meine noch ihre
Arbeit so zu bearbeiten, dass wir bestanden. So mussten wir beide die
erste Klasse wiederholen, ich war also dreimal in der ersten Klasse.

Schule war für mich ein notwendiges Übel, ich sah auch den Sinn nicht
ein. Ich war mehr an echter Arbeit interessiert, denn ich wollte meine
Eltern etwas entlasten und dies machte mir auch mehr Spaß. In unse-
rer Nachbarschaft gab es eine libanesische Familie mit einem zwei
Jahre alten Kind, ich war für das Kind Babysitter oder eher Spielka-
merad. Ich habe der Frau auch beim Putzen und Einkaufen geholfen,
sodass ich etwas Trinkgeld bekam, von dem ich mir Klamotten kaufen
konnte. Ich war stolz, finanziell meine Eltern entlasten zu können."

Jamila, wie hast du denn die Schule empfunden?

„Na ja, viel Lust hatte ich auch nicht, aber ich war sicher fleißiger
als mein Bruder, immerhin habe ich öfter meine Hausaufgaben ge-
macht. Aber auch ich musste die erste Klasse wiederholen, warum, na
ihr wisst schon. Dann saß ich aber nicht mehr neben meinem wilden
Bruder. Eine Anekdote blieb mir in Erinnerung: An einem Tag zeigte
uns unsere Lehrerin ein Foto mit zwei Frauen, die Ballett tanzten.
Sie fragte, ob jemand schon mal Ballett getanzt hatte. Ich meldete
mich und forderte meinen Bruder auf, mit mir zu tanzen. Wir hatten
keine Ahnung von Ballett, wir gingen einfach nach vorne, denn wir
wussten, dass Aktivität sich förderlich auf die Note der Mitarbeit
auswirkte. Die ganze Klasse und die Lehrerin lachten sich über unse-

re ungelenke Bewegungen kaputt, aber für die gute Unterhaltung bekamen wir eine gute Note.

In meiner Freizeit spielte ich mit meinen Freundinnen mit Murmeln und wir malten Kreidekästchen, in die wir hüpfen konnten. Elektronisches Spielzeug habe ich wirklich nicht vermisst. Es war eine wunderbare Zeit; wir hatten zwar kein Geld, aber das war uns Kindern ziemlich egal."

Lina, wie war es bei dir, du warst ja die Älteste der Geschwister?

„Ich habe die Schule im Libanon in guter Erinnerung. Ich hatte gute Noten und zwei sehr gute Freundinnen, mit denen ich bis heute in Kontakt stehe. Es gab aber Rassismus, die Libanesen mochten uns nicht und beleidigten uns schon mal. Ich kann das verstehen, denn wir waren ja für das kleine Land sehr viele Flüchtlinge und da ist mit Antipathien immer zu rechnen."

Amal, wie war denn das Verhältnis zu den Libanesen?

„Wir trafen uns nur untereinander mit den syrischen Familien, wir hatten kaum Kontakt zu den Libanesen, aber wir spürten schon die Vorbehalte. Wir hörten, wie schlecht sie über uns redeten, wir wurden überall schief angesehen. Bei den einfachen Arbeiten wurden wir schlechter bezahlt. Manche Arbeiten wurden nur von Syrern verrichtet, so zum Beispiel die schweren Arbeiten auf einer Baustelle. Es war hart, in der Mittagshitze bei bis zu 40 Grad Steine zu schleppen und zu bearbeiten, es gab ja noch nicht so viele Maschinen wie in Deutschland."

Die Familie blieb von Mai 2014 bis Juli 2015 zusammen in Saida. Sie hörte zunehmend Geschichten von Leuten, die die Flucht nach Europa geschafft hatten, und eines Tages machte sich Ahmad allein auf den Weg, um es auch zu versuchen.

Ahmads abenteuerliche Flucht
nach Deutschland

Ahmad, irgendwann hast auch du dich entschlossen, in die Türkei weiterzuziehen, warum?

„Die Söhne unserer Nachbarsfamilie schwärmten permanent von einem besseren Leben in Europa. In Flüchtlingskreisen sprach es sich herum, dass es besonders in Deutschland gut sei, der Familiennachzug klappe schneller als in anderen Ländern und die Unterstützung von Flüchtlingen sei vorbildlich. Wir hörten von anderen Nachbarn, die Freunde oder Verwandte in Deutschland hatten, und sie berichteten sehr positiv über das Land.

Ich wollte eigentlich nicht nach Europa, ich wollte bei meiner Familie bleiben und ich hatte ja auch kein Geld zur Weiterreise. Aber meine Nachbarn wollten unbedingt, dass ich ihre beiden Söhne begleite, denn die beiden waren Anfang zwanzig, während ich schon 35 Jahre alt war. Sie vertrauten mir und das ehrte mich. Schließlich willigte ich ein, denn ich merkte, dass auch im Libanon die Situation immer schwieriger wurde, die Arbeit war knapp, die Inflation hoch und das Misstrauen gegenüber uns Flüchtlingen wuchs. Außerdem hätte die Verlängerung des Visums für jeden Erwachsenen 100 Dollar pro Monat gekostet. Später verlängerte Libanon die Zeit auf drei Monate, änderte aber nicht den Preis. Unsere Nachbarn verkauften ihren Goldschmuck, der 13.000 Dollar erlöste. Dieses Geld versteckten wir an verschiedenen Stellen in unserer Kleidung, in den Socken, in Innentaschen der Hose und unter den Jacken.

Im Juli 2015 machten wir uns auf den Weg. Aber die Verabschiedung war sehr hart. Ich habe jedes einzelne Familienmitglied gefragt, ob ich alleine nach Europa fahren solle, mit dem Ziel, die ganze Familie nachzuholen – alle willigten ein. Trotzdem hatte ich ein schlechtes Gefühl dabei, meine Familie im Stich zu lassen. Bei der Verabschiedung konnte ich meiner Frau und meinen Kindern nicht in die Augen sehen, ich konnte nur geradeaus ins bereitstehende Taxi blicken, das uns zum Flughafen nach Beirut fuhr. Von dort wollten wir in die Türkei fliegen."

Amal, wie bist du denn nach dem Weggang Ahmads klargekommen, ohne Ehemann und ohne Geld?

„Als Ahmad weg war, sind wir in der Wohnung noch enger zusammengerückt. Wir haben die Eltern unserer Nachbarn aufgenommen, so konnten wir uns die Mietkosten teilen. Außerdem lieh mir Ahmads älterer Bruder 1.000 Dollar. Ein Freund der Familie brachte das Geld in bar über die Grenze in den Libanon. Zudem bekamen wir von der Wohltätigkeitsorganisation 20 Dollar pro Monat und Person als Gutschein für Lebensmittel. Die Schule war kostenlos und ich habe eisern gespart. Ich habe viel Zeit damit verbracht, billige Lebensmittel zu besorgen, bei denen das Haltbarkeitsdatum noch nicht zu lange abgelaufen war. Osman sorgte weitgehend für sich selbst. Das Schlimmste war, dass ich nicht immer wusste, wo Ahmad war, ob er überhaupt noch lebte, denn die Nachrichten von ihm kamen nur unregelmäßig."

Ahmad, wie habt ihr euer erstes Etappenziel, die Türkei, erreicht?

„Das war einfacher, als ich es mir vorgestellt hatte. Wir nahmen, nur bepackt mit einem kleinen Rucksack, morgens ein Taxi, das uns bis zum Flughafen Beirut brachte. Dort kauften wir das billigste Ticket in die Türkei, egal wohin, Hauptsache Türkei, das war der Flug nach Adana. Für die Türkei brauchten wir kein Visum. Mit einem Flugzeug der Turkish Airlines flogen wir über das Mittelmeer nach Adana. Es war ein kleines Flugzeug mit ca. 100 Sitzen, aber es war nur halb voll, weil die meisten Flüchtlinge den Landweg nutzten. Es war der erste Flug in meinem Leben. Beim Herausschauen sah ich nur Meer und Himmel. Angst hatte ich nicht, denn ich habe nur an meine Familie gedacht. Ich hatte so ein schlechtes Gewissen, meine Familie, meine Frau Amal mit sechs Kindern im Alter von zwei bis zehn Jahren im Stich gelassen zu haben und bereute zeitweise die Entscheidung. Aber es gab kein Zurück mehr, dafür sorgten schon meine Freunde, die mich drängten, mit ihnen nach Europa zu reisen. Viel Zeit zum

Nachdenken hatte ich nicht, denn nach nur 40 Minuten wurde die
Landung eingeleitet. An der Grenze begegneten wir freundlichen
Grenzbeamten, die unsere Pässe stempelten und schon waren wir in
der Türkei, aber da wollten wir ja nicht bleiben."

Und jetzt, wie ging es weiter nach Europa? Das war sicherlich
der spannendste, aber wohl auch gefährlichste Teil der Reise.

„Ja, wir wollten sofort weiter. Vom Flughafen brachte uns ein Klein-
bus zum Busbahnhof, dort kauften wir Bustickets nach Istanbul und
noch am gleichen Nachmittag verließen wir Adana, sodass wir noch in
der Nacht in Istanbul ankamen. Da wir keine Bleibe hatten, schliefen
wir im Park und spazierten morgens in eine Moschee, wo wir beten
und uns waschen konnten.

Wir hörten, dass auf den Bootsüberfahrten nach Europa die Kla-
motten nass werden und wir eventuell auch ins Wasser fallen.
Daher haben wir unsere Pässe nach Berlin zu einem guten Freund
geschickt. Außerdem rief ich eine Person an, die mir im Libanon
genannt wurde und die uns bei der Flucht nach Griechenland hel-
fen sollte. Uns wurde eine Wohnung zugewiesen, wo wir zwei Tage
warten sollten; pro Nacht und Person mussten wir 50 Dollar be-
zahlen. Nach zwei Tagen wurden wir wieder auf weitere zwei Tage
vertröstet und dann nochmals bis zum achten Tag. Nein, so konnte
es nicht weitergehen.

So hörten wir uns auf der Straße nach anderen Fluchthelfern um.
Ein älterer Herr, der uns seriös erschien, sagte, wir sollten nach
Izmir fahren und in ein bestimmtes Café gehen. Dort verkehrten
viele Fluchthelfer, die uns nach Griechenland bringen könnten.
Noch am gleichen Tag nahmen wir einen Bus nach Izmir und war-
teten dort in einem bestimmten Café. Noch am Abend kamen wir
an, ich kann mich noch gut an das milde Klima und den wunder-
schönen Sonnenuntergang am Strand erinnern: Es war eigentlich
Urlaubsstimmung und wir begegneten Touristen aus Europa, die
sich an den Stränden und in Wellnesshotels entspannten. Was für

*ein Kontrast: Sie, mit viel Geld entspannt in teuren Hotels und wir,
total angespannt, ohne Geld und voller Sorge, ob wir die nächsten
Tage überleben werden.*

*Schon bald kam ein Mann, der 1.100 Dollar pro Person für die Über-
fahrt nach Griechenland verlangte. Wir kannten die Preise und es
gab durchaus Konkurrenz unter den Fluchthelfern, wir handelten
ihn auf 1.000 Dollar runter. Wir sollten in eine Wohnung gehen und
dort warten. In dieser Wohnung hausten über 100 Personen, es roch
fürchterlich, nach Schweiß, Urin und Erbrochenem. Nein, hier würden wir nicht bleiben, wir wollten draußen schlafen. Aber nein, das
durften wir nicht, weil die Fluchthelfer Angst hatten, dass andere
Fluchthelfer uns verlocken könnten, mit ihnen mitzugehen. Einer der
Männer nahm uns in die oberste Wohnung mit, die zwar noch kleiner
war, aber dort konnten wir zu fünft in einem Zimmer übernachten.
Aber an Schlaf war auch dort nicht zu denken, wir waren einfach zu
aufgeregt und ich musste immer an meine Familie denken.*

*Um vier Uhr morgens weckte uns ein Junge, der von viel Polizei an
den Stränden berichtete, so beschlossen die Fluchthelfer, noch einen
Tag zu warten. Wir sollten aber schon mal die Geldübergabe in die
Wege leiten, hierzu sollten wir uns um 16.00 Uhr in dem gleichen
Café des Vortages einfinden. Wir hörten, dass es zu gefährlich sei, das
Geld vorab zu übergeben. Unzählige Flüchtlinge sind so schon um ihr*

Geld betrogen worden, denn so mancher vermeintliche Fluchthelfer verschwand mit dem Geld ohne jegliche Gegenleistung. Wir wandten uns an ein Geldtransferbüro, dort zahlten wir 3.000 Dollar auf ein neutrales Konto ein; der Zugang war aber durch ein Passwort gesperrt, das wir den Fluchthelfern nach gelungener Überfahrt in Griechenland übergeben wollten. Das war so üblich und wurde daher auch akzeptiert.

Um 17.00 Uhr holte uns ein Taxi ab und brachte uns zu einem Sammelplatz außerhalb der Stadt, ca. fünf Kilometer weit entfernt. Dort fanden sich 40 Personen ein, davon vier Frauen und sechs Kinder, alle hatten die Reise nach Griechenland ‚gebucht‘. Vierzig mal 1.000 Dollar für eine Überfahrt, ein sehr lukratives Geschäft für die dortige Helfermafia. Wir warteten, bis es dunkel wurde. Dann hielt ein geschlossener Lieferwagen an und wir wurden alle auf die Ladefläche gepfercht, ohne Fenster, ohne Wasser, ohne Toilette, wir konnten nur stehen oder hocken, es war schrecklich, die Kinder weinten und die Frauen jammerten. Als wir nahe dran waren, zu ersticken, bollerten wir gegen die Fahrerwand. Jetzt wurde uns erlaubt, einen Spalt der Ladetür zu öffnen, um mehr Luft zu bekommen. Zwei Männer mussten die Tür aber festhalten, damit sie nicht aufriss und Leute auf die Straße fielen. Nach ca. zwei Stunden hielten wir in einem Dorf, hier konnten wir aussteigen und die Notdurft in Büschen erledigen. Der Fahrer fuhr ohne uns weg, dann kam ein weiteres Lieferfahrzeug, das uns aufnahm und nochmals ca. eine Stunde an einen Strand fuhr, der sehr steinig war. Es war stockdunkel, wir durften kein Handy nutzen, keine Zigarette anzünden, um nicht von der Polizei entdeckt zu werden. Wir sollten jetzt hier bis zum frühen Morgen warten. Wir hatten alle Angst, es wurde auch kühl, wir froren und wir wussten nicht, was passiert.

Gegen vier Uhr morgens kamen endlich zwei Männer, die eine große Tasche mit einem aufblasbaren Schlauchboot und einen Außenbordmotor trugen. Das Boot wurde aufgeblasen und der Motor wurde an das Boot befestigt. Einer der Männer fragte uns, *wer schon mal ein Boot gelenkt hatte. Ein 19 Jahre alter Junge meldete sich, aber er hatte noch nie ein so kleines Boot gesteuert – egal, wir mussten weiter. So fuhren die beiden Männer mit ihm eine kleine Proberunde, gaben ihm noch den Rat, nicht zu scharf zu lenken, damit nicht alle ins Wasser fallen. Die Männer sagten uns, dass die Lichter auf der anderen Seite des Meeres, die wir ansteuern sollten, bereits zur griechischen Insel Chios gehörten. Wir bräuchten nur Kurs auf die Lichter zu nehmen und es würde nur eine Stunde dauern. Das Boot wurde geladen, die Männer setzten sich im Kreis auf die Außenseiten und die Frauen und Kinder saßen in der Mitte. Die meisten konnten nicht schwimmen; wenn wir gekentert wären, wäre das nicht nur das Ende der Reise, sondern auch das Ende unseres Lebens gewesen. Ich konnte zwar etwas schwimmen, aber das hätte nur für einige Hundert Meter gereicht. So schnell wie die Männer kamen, waren sie auch schon wieder weg. Jetzt waren wir auf uns allein gestellt.*

Also fuhren wir los; die Angst begleitete uns, aber alle waren gleichzeitig äußerst angespannt. Es gab kaum Streit, wir waren alle sehr diszipliniert, denn im wahrsten Sinne saßen wir alle ‚in einem Boot'. Wir wussten ja, die Überfahrt musste gelingen, wir hatten alle von Bootsunglücken und Aufgriffen durch die türkische Grenzpolizei erfahren. Wir wollten nicht daran denken, wir hatten nur das eine Ziel vor Augen, diese verdammten Lichter am Horizont. Aber nach kurzer Zeit waren sie weg, denn es dämmerte und es war diesig, sodass wir die Lichter, unsere Lebensrettung, nicht mehr sahen. Das Meer sah schwarz aus, die Frauen beteten zu Allah, wir sahen den Untergang vor Augen. Der Bootsführer lenkte unentwegt weiter, er versuchte, einfach Kurs zu halten. Nach etwa 30 Minuten sahen wir ein großes Fischerboot, wir machten uns bemerkbar und riefen nach Hilfe. Aber der Kapitän des Fischerbootes reagierte nicht; er ließ das Boot anhalten, damit seine Wellen nicht unser kleines Schlauchboot trafen und es gefährdeten. Wir sahen, wie die Mannschaft des Fischerbootes uns hinterherschaute. Vielleicht hätten sie uns ja geholfen, wenn wir gekentert wären. Nach ein paar Minuten sahen wir dann auch wieder die griechische Küste, welche Erleichterung.

Alle kamen wohlbehalten an einem Sandstrand an. Kurz nachdem wir das Boot auf den Strand geschoben hatten, sahen wir vier Männer, es waren wohl Griechen, die Sprache verstanden wir nicht. Sie wollten uns aber nicht helfen, sie waren nur darauf aus, uns unseren Außenbordmotor abzunehmen, denn den brauchten wir ja nicht mehr. Eigentlich war es Diebstahl, aber das kümmerte uns nicht. Unser Steuermann nahm das Messer, was er von den Fluchthelfern bekommen hatte, und zerstörte das Schlauchboot, denn wir hatten Geschichten darüber gehört, dass griechische Grenzbeamte Schlauchboote mit Insassen zurück in die Türkei geschickt hatten. Das ging ja nur, wenn die Schlauchboote noch fahrtüchtig waren.

Wir machten uns umgehend auf den Weg ins Innere der Insel und kamen an eine Straße. Dort wurden wir von Polizisten in Empfang genommen, die zu unserer Überraschung durchaus freundlich waren. Sie registrierten uns und organisierten zwei Busse, die uns in das Flüchtlingscamp der Insel Chios brachten. Dort sahen wir 500

Personen, meist aus Syrien, aber auch aus dem Irak und aus Afghanistan. In einer Schlange mussten wir uns im Registrierungsbüro anstellen, wo wir auch einen kleinen Beutel mit Shampoo, Zahnpasta und Zahnbürste bekamen. Die Zimmer waren nur provisorisch und so eng, dass wir es bevorzugten, auf einem auseinandergefalteten Karton draußen zu schlafen. Bereits am Ankunftstag erhielt ich einen Anruf von unserem Fluchthelfer, der uns sehr scheinfreundlich fragte, ob alles geklappt habe und ob alle gesund seien. Ich bejahte dies und gab ihm das Passwort, mit dem er die 3.000 Dollar für uns drei erhalten konnte.

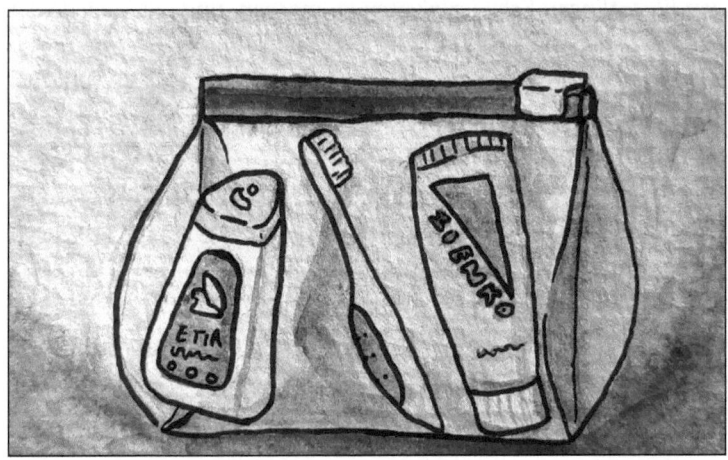

Nach drei Tagen bekamen wir ein Papier, mit dem uns erlaubt war, das Lager zu verlassen. Umgehend fragten wir in der Stadt nach Möglichkeiten, weiterzureisen. Wir wollten mit der großen Fähre nach Piräus reisen. Das Ticketbüro war aber erst am nächsten Tag geöffnet. Ins ‚Gefängnis' zurückgehen, das kam nicht infrage, so übernachteten wir am Strand. Es war kalt, wir haben sehr gefroren, an Schlaf war nicht zu denken. Am nächsten Morgen besorgten wir uns drei Tickets mit Kabinenbenutzung. Gegen Mittag legte die riesige Fähre ab, wir teilten uns zu dritt eine Kabine. Endlich saubere Betten und eine warme Dusche, was für ein Luxus.

In der Abenddämmerung kamen wir in Piräus an; dort nahmen wir sofort ein Taxi zum Busbahnhof in Athen. Wir gönnten uns keine Pause, wir wollten sofort weiter. So nahmen wir den Nachtbus bis zur mazedonischen Grenze. Wir wussten nicht, ob wir offiziell über die Grenze nach Mazedonien kommen konnten. Wir hatten ja keine Pässe, nur eine Plastikkarte, eine Art Personalausweis. So gingen wir einfach mit dem Strom der Flüchtlinge mit. Wir liefen zu Fuß ca. fünf Stunden lang durch Wald und Wiesen in einer größeren Gruppe. Hinter der Grenze gabelten uns einige Soldaten auf, die aber durchaus freundlich waren. Sie hatten wohl schon so viele Flüchtlinge kommen und gehen sehen, da hatten sie nicht mehr daran gedacht, den Flüchtlingen Schwierigkeiten zu machen, und die Mazedonier wussten, dass alle Flüchtlinge eh nur auf der Durchreise waren. Wir sollten aber in kleinen Gruppen von maximal 20 Personen marschieren, daran hielten wir uns auch. In einem Dorf gab man uns Wasser und Essen, hier sollten wir auf Busse warten, die uns in ein gut ausgestattetes Flüchtlingscamp brachten, wo wir verpflegt wurden und übernachten konnten.

Schon am nächsten Morgen ging es per Taxi weiter nach Skopje, wo wir mit einem Zug durch den Kosovo ohne Grenzkontrollen zur serbischen Grenze fuhren. Über die serbische Grenze gingen wir wieder zu Fuß, wir haben uns über GPS orientiert. Hinter der Grenze kam ein Dorf; hier standen Busse bereit, die uns wieder in ein Flüchtlingscamp bringen wollten. Aber was sollten wir da, wir wollten weiter und so nahmen wir einen anderen Bus bis Belgrad. Wir übernachteten im Busbahnhof und kauften uns ein Busticket bis zur ungarischen Grenze.

Am Morgen ging es weiter bis zur Grenze. Wir hörten, dass der Grenzübertritt nach Ungarn sehr gefährlich sei. Daher warfen wir unsere Rucksäcke weg und machten uns nur mit unseren Klamotten und Geld, das wir in den Innentaschen unserer Kleider versteckten, auf den Weg. Überall waren Diebe und Räuber unterwegs und die ungarischen Grenzer fackelten nicht lange. Wenn sie einen erwischen, wird man sofort über die Grenze nach Serbien zurückgeschickt. Pushback nennen sie das. Wir hörten auch von Schlägen, Tritten und Verlet-

zungen durch die Grenzer. So mussten wir nachts gehen und durften möglichst keine Geräusche machen. Die Handys blieben aus, auch die Taschenlampen. Wieder kam diese schreckliche Angst zurück, aber wir mussten nur noch diese eine Grenze überwinden, dann sollte es angeblich besser werden.

Mit ca. 50 Personen machten wir uns auf den Weg auf einem schmalen unwegsamen Waldweg, zwei Stunden Marsch durch nasses und teils sumpfiges Gelände. Plötzlich erschraken wir, wir waren umstellt von fünf Männern, alle bewaffnet. Sie forderten 1.000 Dollar pro Person. Wenn wir das Geld nicht übergeben, würden wir alle erschossen. Wir gaben ihnen zu verstehen, dass wir kein Geld hätten, und zeigten unsere leeren Taschen. Nun forderten sie 100 Dollar pro Person und wurden noch bedrohlicher. Nochmals betonten wir alle, dass wir kein Geld hätten. Jetzt zielte ein Mann auf einen von uns mit seinem Gewehr. Wir konnten nicht einschätzen, ob er ernst machen würde. Daraufhin sammelten fünf Leute von uns etwas Geld, es kamen 50 Dollar zusammen, die wir den unangenehmen Gestalten übergaben. Wir hatten Glück, jetzt zogen sie ab.

Aus Angst vor den Grenzern teilten wir uns kurz vor der Grenze auf. Jetzt war ich nur noch mit meinen beiden Freunden unterwegs. Wir bewegten uns langsam vorwärts und versuchten, uns an den Fußspuren zu orientieren. GPS funktionierte nicht mehr; wir wussten auch nicht, ob wir in die richtige Richtung gingen. Schließlich, nach einigen Stunden Marsch, kamen wir an einen Fluss, der ungefähr vier Meter breit war. Wir wussten, dass wir den Fluss überqueren mussten, aber wie? Durchwaten wollten wir nicht, denn wir hatten Angst vor Tieren und wollten auch nicht total nass werden. So gingen wir den Fluss entlang, überall Gestrüpp und Schilf, es war sehr schwieriges Gelände. Dann kamen wir auf einen Weg. Zu allem Überfluss sahen wir vor uns Soldaten, die mit großen Lampen das Gelände ausleuchteten. Wir verhielten uns mucksmäuschenstill und hofften, dass sie uns nicht entdeckten. Glücklicherweise kamen wir ungesehen an ihnen vorbei und tatsächlich, wenig später sahen wir eine kleine Brücke, sodass wir den Fluss trockenen Fußes überqueren konnten.

Nach neun Stunden Wanderung, es war jetzt schon Vormittag, kamen wir an einem kleinen Dorf an. Jetzt funktionierte auch GPS wieder, wir wussten, dass wir in Ungarn waren. Wir hatten so viel Angst davor, dass die Dorfbewohner uns verraten, sodass wir mit niemandem sprachen. Wir ruhten uns auf einem nahegelegenen Hügel etwas aus und versuchten, unsere Kleider von dem Matsch der Nachtwanderung zu befreien. Nach ein paar Stunden machte sich einer meiner Freunde auf den Weg, um ein Taxi zu suchen, was auch klappte. Der Taxifahrer brachte uns nach Budapest und kassierte für die etwa dreistündige Fahrt 600 Dollar.

Am Nachmittag kamen wir in einem Vorort von Budapest an. Dort rief mein Freund einen Bekannten in Dänemark an, der ihm Tipps für die Weiterreise gab. Wir sollten uns in einem Restaurant einfinden und dort auf ein gelbes Taxi warten. Von einer Zugfahrt wurde uns abgeraten, denn es seien Grenzkontrolleure unterwegs, die uns Schwierigkeiten bereiten könnten. Und tatsächlich, nach etwa einer Stunde hielt ein gelbes Taxi an, das uns mitnahm. Wir sollten mit dem Taxifahrer an einem Sammelplatz warten, bis zwei Autos mit insgesamt zehn Personen voll waren. Eventuell hätten wir in einem nahegelegenen Hotel übernachten sollen, aber schneller als erwartet wurden die Taxis voll und schon gegen 17.00 Uhr ging es los Richtung Deutschland. Der Preis war wieder Ausdruck einer immensen Nachfrage und keinerlei Mitleid mit unserem Schicksal. Jeder von uns sollte 600 Dollar bezahlen. Die Fahrer erhielten wahrscheinlich nur einen kleineren Teil, den Rest stopften sich die Hintermänner rein. Wir brausten los, es ging rasend schnell über die Autobahn ohne Grenzkontrollen durch Österreich und wir kamen noch am gleichen Abend spät in einem kleinen deutschen Ort an – wir waren so auf die Weiterfahrt fixiert, dass ich mir den Ortsnamen nicht merkte. Wir wurden an einem Bahnhof rausgelassen.

Wir stiegen in den nächsten Zug Richtung München, der aber gar nicht mehr bis dorthin fuhr. Wir lernten im Zug einen Kurden kennen, der in dem Ort des Endbahnhofes wohnte. Er bot uns an, eine Nacht bei ihm zu bleiben, wir sollten uns aber in Acht nehmen, denn wenn die Polizei ihn erwische, dann werde er wegen kommerzieller Fluchthilfe ins Gefängnis gesteckt. Offenbar war er der Polizei schon bekannt. Deshalb hielt er zu uns etwa zehn Meter Abstand, aber wir erreichten seine Wohnung. Sie war klein, dort lebten drei Männer, wir konnten auch etwas schlafen. Es war die erste Nacht im ,gelobten' Deutschland.

Am nächsten Morgen machten wir uns gleich auf den Weg zum Bahnhof. Dort hielten uns zwei Polizisten an und fragten uns nach unserer Herkunft und wo wir übernachtet hätten. Wir sagten, wir hätten im Park geschlafen, um unseren Gastgeber nicht zu gefährden. Das machte sie misstrauisch, denn es hatte in der Nacht geregnet und wir konnten doch nicht trocken sein, wenn wir im Park übernachtet hätten. Die beiden Polizisten durchsuchten uns von Kopf bis Fuß, registrierten uns, machten Fotos. Sie fragten dann, wohin wir wollten. Wir sagten, wir wollten mit dem Zug nach München fahren. Ein Polizist erwiderte, dass wir dazu Fahrkarten aus dem Automaten ziehen müssten und dazu bräuchten wir Euros, mit Dollars können wir am Ticketautomaten nichts anfangen. Ein Polizist erwies sich als freundlicher Helfer und gab uns 200 € gegen 200 Dollar, eine sehr freundliche Geste. Vielleicht wollte er die anfängliche Strenge wieder gutmachen.

Mit dem Zug fuhren wir bis zum Münchner Hbf. Dort ausgestiegen, machten wir uns – wie unser Berliner Freund empfohlen hatte – gleich auf zum nahegelegenen Busbahnhof, um ein Ticket mit dem FlixBus nach Berlin zu besorgen. 35 € pro Person, das war günstig; wir merkten, dass wir die mafiösen Zustände hinter uns gelassen hatten. Nach neun Stunden Busfahrt kamen wir am Montag, den 17. August 2015 um fünf Uhr morgens endlich in Berlin an. Unser Freund, dem wir die Pässe geschickt hatten, begrüßte uns herzlich, er fuhr uns in seine Wohngemeinschaft nach Spandau.

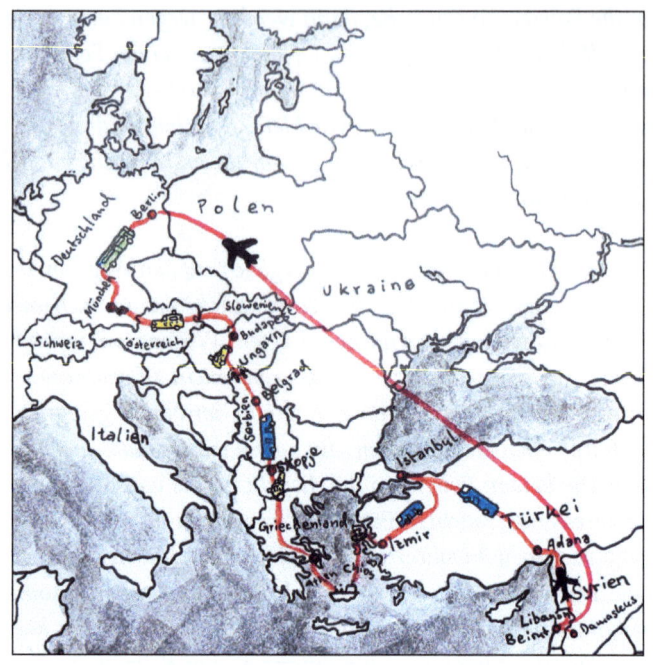

Ich war so müde, dass ich nur noch schlafen wollte. Er sagte aber, nein, das ginge nicht, er habe gleich für heute einen Termin in der zentralen Flüchtlingsaufnahmestelle in Moabit organisiert und diesen Termin dürften wir nicht verpassen. So fuhr er uns noch am gleichen Morgen dorthin, wir reihten uns in die Schlange der wartenden Flüchtlinge ein und kamen bereits kurz nach der Öffnung um 7.30 Uhr aufs Gelände. Alles war gut organisiert, aber es dauerte lange, wir mussten verschiedene Büros passieren; es wurden Fotos gemacht, wir erhielten ein BVG-Monatsticket und eine Plastikkarte, um Geld zu ziehen, eine Eintrittskarte für das uns zugewiesene Flüchtlingscamp in der Sonnenallee und einen grünen provisorischen Ausweis. Außerdem bekamen wir zahlreiche grundlegende Informationen über das Leben in Deutschland. Dolmetscher, die Arabisch sprachen, halfen uns durch den Verwaltungs-Dschungel. Die Prozedur dauerte bis nachmittags gegen 17.00 Uhr. Dann konnten wir uns mit der Plastikkarte noch auf dem Gelände mit etwas Geld versorgen. Nach

dem Ziehen des Geldes verschwand – wie angekündigt – die Geld-
karte in dem Automaten. Die Technik war für uns Flüchtlinge schon
beeindruckend. Dann fuhren wir mit dem Bus zur Sonnenallee, wo
wir uns im Flüchtlingscamp einfanden.

Im Flüchtlingscamp angekommen, wurden uns Betten zugewiesen,
es gab dreimal am Tag kostenloses Essen und wir sahen, dass viele
Flüchtlinge sich von den Strapazen der Flucht erholten. In unserem
kleinen Raum wohnten acht Personen. Die Männer wohnten getrennt
von den Familien mit Kindern. Es gab auch einige unbegleitete männ-
liche Jugendliche, die mit uns wohnten. Aber wir wollten wegen der
Enge nicht dortbleiben, wir übernachteten stets in der Wohnung
unseres Freundes in Spandau. Wir mussten uns aber jeden Tag im
Flüchtlingscamp melden, schließlich bekamen wir dort auch kosten-
loses Essen. Wir empfingen auch unsere syrischen Reisepässe, die wir
per Post an unseren Berliner Freund geschickt hatten."

Der schwere Anfang in Berlin

Das war ja wirklich eine spannende und teils dramatische Flucht.
Ahmad, wie waren denn die ersten Eindrücke in Deutschland
und welche Erfahrungen hast du mit den Behörden gemacht?

„Es war eigentlich alles gut geregelt, wenngleich ich viele Verwaltungs-
prozeduren nicht verstand und mir alles überkompliziert erschien.
Aber es gab Dolmetscher, die uns halfen.

Nach 20 Tagen hatte ich den ersten Termin in der für mich zustän-
digen Außenstelle des Bundesamtes für Migration und Flüchtlinge
(BAMF) in Spandau. Ich wurde intensiv befragt, die Beamten wollten
alles wissen: Fluchtgrund, Familie, meine Arbeit, meine Zukunfts-
vorstellungen, sie fragten mich nach Details über Damaskus, um
sicherzugehen, dass ich auch wirklich aus Syrien kam. Nach zehn
Tagen wurde ich erneut einbestellt. Wieder stellte man mir Fragen,

es waren die gleichen Fragen wie zuvor, aber es waren andere Interviewer; später hörte ich, dass man testen wollte, ob ich die Wahrheit sagte oder ob ich jedes Mal eine neue Geschichte erfand.

Zur gleichen Zeit verließ ich mit meinen Mitflüchtlingen dann offiziell das Flüchtlingscamp und wir mieteten mit unserem Spandauer Freund eine Wohnung, sodass wir zu viert in einer Wohngemeinschaft wohnten. Ich bekam jetzt wieder etwas Geld; die Wohnkosten übernahm das Sozialamt. Nach zwanzig Tagen musste ich dort wieder vorsprechen, um mir die nächste Tranche Geld abzuholen. Das ging so weiter, bis ich die Aufenthaltsgenehmigung erhielt.

Mit meinen Freunden spazierte ich viel durch Berlin, wir schauten uns die Sehenswürdigkeiten an und kauften uns am Alexanderplatz neue Kleider, Handtücher und Waschutensilien. Alles erschien noch irgendwie wie ein Traum, diese andere Welt, diese andere Kultur, alles war anders als bei uns: heile Gebäude, funktionierende öffentliche Verkehrsmittel, dauernd Regen und kurze Tage, leere Straßen, die nachts wie ausgestorben waren, keine und meist nur formelle Kontakte zu den Nachbarn, stets sehr distanzierte, aber durchaus freundliche Menschen und vor allem keine Angst mehr vor der Polizei.

Ich telefonierte ab jetzt auch jeden Tag über Facetime mit meiner Familie; dies waren die glücklichsten Momente meiner ersten Tage in Deutschland. Alle meine Familienmitglieder waren gesund und warteten auf ein möglichst baldiges Wiedersehen. Ich habe auch viel geweint und manchmal meine Entscheidung bereut, denn ich wusste ja nicht, ob es mit dem Familiennachzug überhaupt klappt. Aber mein Freund beruhigte mich immer wieder und sagte, er habe auch eine Familie in Syrien, das sei das Schicksal ganz vieler syrischer Männer hier in Deutschland.

Nach zwei Monaten meldete sich die Hauptstelle des BAMF in der Nähe des Westhafens, wo ich mich einfinden sollte. Dort wurden mir wieder zahlreiche Fragen nach meiner Herkunft gestellt. Nach zwei Wochen musste ich wieder dort vorsprechen. Dort stellte man mir wieder dieselben Fragen wie schon zuvor. Es ging aber noch weiter ins Detail, ich wurde nach dem Aussehen bestimmter Sehenswürdigkeiten in Damaskus befragt, nach den Bildern des syrischen Münzgeldes und so weiter. Ich wusste nach dem Gespräch gar nicht, ob ich alles richtig gesagt hatte, aber mir wurde geglaubt. Im Dezember 2015 war endlich alles fertig, ich bekam die ersehnte Aufenthaltsgenehmigung als anerkannter Flüchtling mit dem blauen Ausweis, der drei Jahre lang bis November 2018 gültig war. Jetzt durfte ich mir auch eine Arbeit suchen.“

Ahmad, hast Du denn Arbeit gefunden und hast Du einen Sprachkurs besucht?

„Jetzt war für die Geldleistungen nicht mehr das Sozialamt, sondern das Jobcenter zuständig. Dort wurden mir wieder zahlreiche Fragen gestellt. Es wurde mir verdeutlicht, dass ich einen Sprachkurs besuchen müsste, denn ohne Grundkenntnisse der deutschen Sprache könne ich kaum eine Arbeit finden.

Der Vermieter wies uns jetzt eine andere Wohnung nahe der Warschauer Straße zu, denn er wollte seine Wohnung in Spandau renovieren. Das Geld war nach wie vor knapp, denn ich benötigte das Geld vom Jobcenter nicht nur für Lebensmittel, sondern auch für die Utensilien des Sprachkurses, wie ein Lehrbuch, Stifte und Hefte, sowie ein BVG-Monatsticket.

Der Sprachkurs fand in der Nähe des Cottbuser Tors statt. Ich spazierte mit meinen Mitbewohnern stets zusammen dorthin, um mich etwas zu bewegen. Es war eine türkische Einrichtung, die Lehrer waren teils Türken, teils Deutsche, die uns zunächst je nach vorhandenen Sprachkenntnissen in Kleingruppen aufteilten. In unserer Gruppe der Anfänger waren Syrer, Türken, Iraker und Iraner. Wir hatten jeden Tag drei Stunden Deutsch-Unterricht von 9.00 bis 12.00 Uhr. Am Nachmittag mussten wir die Hausaufgaben erledigen. Der Anfang war sehr schwer, wir lernten zunächst in einem Vorkurs das europäische Alphabet und einfache Worte, die uns anhand von Bil-

dern erklärt wurden. Es war ja eine völlig andere Sprache, die keiner-
lei Verwandtschaft mit dem Arabischen hat. Insofern musste jedes
einzelne Wort erlernt werden, ohne die Möglichkeit von Ableitungen
aus einer anderen Sprache. Ich versuchte, auf der Straße die Schilder
zu lesen, dabei war Google Translator natürlich eine große Hilfe für
mich. Dieser Kurs dauerte vom Januar bis zum Mai 2016. Daran
schloss sich nahtlos der Sprachkurs A1 an, der ein ganzes Jahr bis
zum April 2017 dauerte. Dann erhielt ich eine Bescheinigung, dass
ich das Level A1 erreicht hatte. Dann wurde ich an die Lernstatt e.V.
im Wedding verwiesen, wo ich den Sprachkurs A2 absolvierte, der
bis zum April 2018 dauerte. Den daran anschließenden Test bestand
ich, da war ich sehr froh.

Da meine Freunde zu einer anderen Zeit als ich Geburtstag hatten und
verschiedene Jobcenter je nach unserem Geburtsdatum zuständig waren,
musste unser Vermieter die Bewohner nach Zuständigkeit der Jobcenter
sortieren. So wurde ich gebeten, aus der Wohnung in der Warschauer
Str. wieder aus- und in eine frisch renovierte Wohnung in der Nähe des
Ku'damms einzuziehen. Diese Wohnung musste ich mit einem anderen
Syrer teilen; es waren nur 25 qm, ein Zimmer, Bad und Kochecke.

Schon bald kontaktierte mich ein Freund, der in einer arabischen Bä-
ckerei arbeitete und mir dort einen Job anbot. Es war Schwarzarbeit,
pro Stunde hätte ich nur 5 € verdient. Aber vor Schwarzarbeit hatte ich
Angst. Ich fragte meinen Imam, was er von dieser Arbeit hielt, und er
riet mir ab, da die Polizei im Auftrag des Jobcenters die Arbeitsstätten
von Zeit zu Zeit kontrollierte. Außerdem hätte ich dort kein Deutsch
gesprochen, ich wollte ja wirklich in Deutschland ankommen und da
wollte ich mich ganz auf das Erlernen der deutschen Sprache konzen-
trieren. Natürlich informierte ich mich im Internet nach Jobmöglich-
keiten. Infrage kam für mich als nicht qualifizierter Arbeitssuchender
eine Tätigkeit als Bus- oder Taxifahrer oder Fahrer für ein Postunter-
nehmen oder aber die Arbeit als Pflegehelfer. Eine Fahrertätigkeit
schien mir zu einsam, ich wollte mehr unter Menschen sein, so strebte
ich eine Tätigkeit als Pflegehelfer an, denn da war ich mit Menschen
zusammen und konnte auch etwas für alte einsame Menschen tun."

Das waren die spannende Flucht in eine fremde Welt nach Europa und die Schilderungen der Anfänge in der Großstadt Berlin aus der Sicht von Ahmad.

In den Gesprächen wurde mir bewusst, wie aufregend eine solche Flucht ist: immer in Geldsorgen, bei hohem, auch persönlichem Risiko und geplagt von Gewissensbissen, ob man das Richtige getan hat.

IV. Familiennachzug

Der Familiennachzug war für Ahmad von äußerster Wichtigkeit, um sich langfristig ein Leben in Deutschland vorstellen zu können.

Ahmad, wie hast du das in die Wege geleitet?

„Bereits Ende 2015 fing ich mit meinen Bemühungen an, meine Familie nachzuholen. Aber um legal einreisen zu können, brauchten alle Familienmitglieder ein Visum. Die Caritas half mir, das Antragsformular für den Familiennachzug und alle Unterlagen (Kopien der Geburtsurkunden, Hochzeitsurkunde und der Reisepässe, die ich von Amal per E-Mail erhielt) zu erstellen und an die Ausländerbehörde zu schicken. Diese leitete die Unterlagen an die deutsche Botschaft im Libanon weiter. Nach etwa zwei Wochen bekam ich Bescheid, dass meine ganze Familie in der Botschaft vorsprechen sollte, aber sie bekam erst nach acht Monaten einen Termin. Also acht Monate weiteres Warten, das ich nutzte, um meine Deutschkenntnisse weiter zu verbessern.“

Amal, was hast du denn in der Zwischenzeit gemacht?

„Ich habe mich vor allem um meine Kinder gekümmert und jeden Tag mit Ahmad telefoniert, meist über Facetime. Ich musste mit sehr wenig Geld auskommen und sogar noch etwas Geld von Ahmads Bruder leihen. Dann machte ich mich an die Zusammenstellung der von der deutschen Botschaft geforderten Unterlagen: Pässe, Geburtsurkunden, Heiratsurkunde. Die Originale mussten aus Syrien beschafft werden, und zwar über das Außenministerium, was sehr schwer war. Dann musste alles ins Deutsche übersetzt werden. Ich verstand dies nicht, denn bei meinen Nachfragen in der Botschaft merkte ich, dass alle Mitarbeiter fließend Englisch sprachen; die Pässe waren ja bereits in der englischen Sprache ausgestellt. Es wäre also eigentlich nur die Übersetzung der Heirats- und Geburtsurkunden notwendig gewesen.

Dann war es so weit, ich bekam einen Termin von der deutschen Botschaft und fuhr mit meinen Kindern am vereinbarten Tag dorthin und wartete vier Stunden lang in einem kleinen Vorzimmer. Nach dieser Zeit schloss die Botschaft und ich musste ohne Erfolg wieder zurückfahren. Dies wiederholte sich ein weiteres Mal, aber dabei erfuhr ich von Mitwartenden, dass es in Beirut spezialisierte Büros gibt, die das ganze Handling mit der Botschaft natürlich gegen entsprechendes Entgelt regelten. So kontaktierte ich das Vermittlungsbüro, zahlte dort pro Person 25 Dollar extra. Dann musste ich weitere sechs Monate warten, bis wir schließlich in die Botschaft geladen wurden, um die Pässe mit den Visa zu empfangen. Dieses Mal klappte es, ich war so froh, die Visa in den Händen zu halten, obwohl diese nur drei Monate gültig waren. Es gab in der Botschaft auch arabisch sprechendes Personal, das uns Informationen zu den Visa mit auf den Weg gab.

Als ich wieder nach Hause fuhr, konnte ich mein Glück kaum fassen: Wir hatten jetzt alle ein gültiges Visum, um nach Deutschland einreisen zu können. Ich war aber auch etwas beschämt, dass ich so viel Glück hatte und viele andere Syrer nicht, sodass ich zunächst meinen Mitbewohnern und Nachbarn nichts sagte, auch die Kinder verdonnerte ich zum Schweigen. Erst nachdem ich die Flugtickets von Ahmad bekam und meine Koffer packte, informierte ich meine Mitbewohner, die sich einerseits sehr für uns freuten, aber andererseits natürlich auch sehr traurig über unsere bevorstehende Abreise waren. Ich verkaufte einige Möbel und verschenkte Decken, Bettwäsche und Geschirr, alles, was wir nun nicht mehr brauchten. Am letzten Tag kamen viele Nachbarn und Freunde, um sich von mir zu verabschieden. Es war sehr emotional, es gab Tränen, aber auch herzliche Glückwünsche für unsere Zukunft in einem für uns völlig fremden Land."

Die Reise in ein fremdes Land

Und wie war die Reise, war sie abenteuerlich?

„Ja, die Reise war in der Tat voller Überraschungen: Am 23. November 2016 war es so weit. Ich war furchtbar aufgeregt und meine Aufregung übertrug sich auf meine sechs Kinder. Am Abreisetag nahmen wir ein Taxi und fuhren zum Flughafen. Der Flug sollte erst um 20.00 Uhr gehen, aber wir waren schon gegen 15.00 Uhr am Flughafen. Der Taxifahrer hatte unsere Koffer noch zum Schalter gebracht und von da an waren wir auf uns allein gestellt. Nach einer längeren Wartezeit am Schalter kamen wir an die Reihe; plötzlich schaute mich die Dame am Schalter sehr ernst an: ‚Sie können nicht nach Deutschland fliegen!‘ Ich brach fast in Tränen aus. Was war geschehen?

Die Schaltermitarbeiterin eröffnete mir, ich müsse erst die Gebühren für den Aufenthalt im Libanon bezahlen, das waren 200 Dollar pro Jahr, also insgesamt 400 Dollar für die zwei Jahre, in denen meine Kinder und ich im Libanon weilten. Glücklicherweise hatte ich auch noch so viel Geld bei mir und es gab ein Polizeibüro, bei dem ich das Geld einzahlen konnte. Mit der gestempelten Einzahlungsquittung sprach ich wieder am Schalter vor, wo meine Kinder auf mich warteten. Jetzt konnten wir die Koffer einchecken und bekamen die Bordkarten. Wir gingen einfach dem Menschenstrom hinterher zur Passkontrolle, wo wir wieder ca. eine Stunde warten mussten. Ein irakischer Mitreisender half uns beim Ausfüllen der Ausreiseformulare, sieben Mal für jedes Kind einzeln ein separates Formular. Alles war auf Englisch, ich verstand nichts. Dann kam die Sicherheitskontrolle, wieder mit einer längeren Wartezeit. Mein Handgepäck bekam ich nicht durch, es piepte immerzu, der Sicherheitsbeamte öffnete meine Tasche und durchsuchte alles. Er fand nichts Auffälliges, er schob die Tasche nochmals durch, aber es piepte wieder, jetzt schob er die Gegenstände einzeln durch. Bei einer kleinen Holzrolle, die Mohameds Spielzeug war, piepte es; in der Holzrolle war wohl Metall verbaut, das konnte ich nicht ahnen, so ließ ich diese am Flughafen zurück. Jetzt schien endlich alles geschafft, aber wohin, wir irrten in der Abflugzone hin und her. Wir hörten aus den Lautsprechern unseren Namen ,Al Said' mehrmals, aber ich verstand nicht, was wir tun sollten. Da sprach uns ein Herr auf Arabisch an, ob wir Al Said hießen. Er drängte uns, sofort zu dem Abfluggate zu gehen, es sei bereits der letzte Aufruf und wenn wir uns nicht beeilen würden, dann hebt das Flugzeug ohne uns ab. Wir rasten mit allen zusammen zu dem betreffenden Gate und konnten gerade noch rechtzeitig einsteigen. War das aufregend, es war ja mein erster Flug und dazu noch mit allen sechs Kindern. Ich sank so erleichtert auf meinen Sitz und war froh, dass alle meine Kinder saßen und angeschnallt waren. Während des Fluges habe ich nichts mitbekommen, außer dass vor mir ein Bildschirm flimmerte und ich den Flug verfolgen konnte. Jetzt kam auch etwas Vorfreude auf Ahmad und unser neues gemeinsames Leben in Deutschland auf."

Osman, wie hast du denn die Reise nach Deutschland in Erinnerung?

„Für mich war es ein Abenteuer, ich half meiner Mutter beim Koffertragen und freute mich auf den Flug und natürlich darauf, meinen Vater wiederzusehen. Während des Fluges war ich ruhig, ich sah die vielen Lichter von Beirut und schlief dann bald ein."

Amal, wie war die Ankunft in Berlin?

„Wir landeten gegen 23.00 Uhr und mussten wieder lange auf unsere Koffer warten. Um Mitternacht konnte ich endlich Ahmad in die Arme schließen. Was war das für eine Freude für Ahmad, mich und meine Kinder. Wir konnten unser Glück kaum fassen, jetzt endlich wieder vereint zu sein. Wir suchten ein Taxi, das uns zur Wohnung von Ahmad brachte. Ich verstand nicht, warum wir nicht ein normales Taxi nehmen konnten. Ahmad bestellte ein Großraumtaxi und erklärte mir, dass hier in Deutschland jede Person einen eigenen Sitz haben musste, und dazu mussten wir uns alle anschnallen. Kleine Kinder brauchten sogar einen Kindersitz, auch der war im Großraumtaxi vorhanden. Wie umständlich! Wir fuhren durch das nächtliche Berlin zu Ahmads Wohnung am Ku'damm; der Mitbewohner war vorübergehend ausgezogen, sodass wir für einige Tage dort alle wohnen konnten, 25 qm für acht Personen, das war wirklich extrem eng."

Ein Leben auf engstem Raum

Und wie waren die ersten Eindrücke in Deutschland?

„In der Wohnung fiel mir sofort der flache Fernseher auf, so etwas hatte ich noch nie gesehen. Im Libanon hatten wir einen Röhrenfernseher, der nur dann funktionierte, wenn man draufhaute. Und hier funktionierte der Fernseher sofort und die Bilder waren so gestochen scharf, wie ich sie noch nie zuvor gesehen hatte."

Ahmad, wie habt ihr denn die prekäre Finanz- und Wohnsituation verbessern können?

„Am zweiten Tag nach der Ankunft meiner Familie ging ich zum Jobcenter und beantragte Unterstützung für meine Frau und meine sechs Kinder. Bis zur Genehmigung musste ich meine geringen Ersparnisse anzapfen. Aber nach zwanzig Tagen bekam ich Bescheid. Neben meinen 400 € standen mir jetzt weitere 1.500 € zur Verfügung, das klingt viel, aber für eine achtköpfige Familie ist dies äußerst knapp.

Ich fragte dort auch nach einer größeren Wohnung. Man verwies mich an ein altes Hotel im Wedding, nahe Gesundbrunnen, das zur Flüchtlingsunterkunft umgestaltet wurde. Der Besitzer war ein Türke, der uns ein größeres Hotelzimmer gab, aber dort befand sich keine Küche und das war für uns nicht geeignet, denn wir mussten ja von unseren bescheidenen Einkünften kochen, um über die Runden zu kommen.

Da hatte der Besitzer eine Idee: Er gab uns eine größere, leere Wohnung am Stadtrand von Berlin. Dort gab es in den drei Zimmern zwei Hochbetten, ein paar Matratzen und eine Küche. So lebten wir dort auf den Matratzen und mit unseren Koffern, es war erst einmal ausreichend. Aber wir wussten, wir konnten und wollten dort nicht auf Dauer bleiben; so machte es auch wenig Sinn, Möbel anzuschaffen.

Offiziell waren wir aber noch in dem Hotel registriert und ich musste immer dorthin fahren, um meine Post abzuholen. Warum dies nötig war, das verstand ich nicht, aber ich befürchtete, dass hier etwas nicht in Ordnung war. Unser Türke könnte vielleicht sogar doppelt vom Jobcenter kassieren, denn das Hotelzimmer wurde ja wieder frei und in der Wohnung konnte ja eigentlich keiner auf Dauer leben."

Wie hast du denn dafür gesorgt, dass deine Familie länger in Deutschland bleiben konnte?

„Meine Familie hatte ja nur ein Touristenvisum, das drei Monate gültig war. So ging ich rechtzeitig vor Ablauf des Visums im Februar 2017 in die Ausländerbehörde und beantragte die Verlängerung der Visa. Dies wurde mir auch ohne Probleme genehmigt. So bekam meine Familie einen Aufenthaltsstatus, der zwei Jahre lang bis Anfang 2019 gültig war."

Hast du die Kinder in einer Schule angemeldet?

„Ich suchte eine Schule für meine Kinder in der Nähe unserer neuen Wohnung. Dort wies man mich allerdings ab, denn ich sei ja im Wedding registriert und müsse daher dort nach einer Schule suchen. Auch einen Kita-Platz für meinen jüngsten Sohn Mohamed fand ich nicht.

Schließlich meldete ich im März 2017 meine Kinder in den Willkommensklassen der Rudolf-Wissel-Grundschule am Gesundbrunnen an. Alle meine fünf schulpflichtigen Kinder Lina, Osman, Jamila, Jasmin und Halima besuchten altersgerecht verschiedene Willkommensklassen."

Osman, wie bist du denn in dieser Schule zurechtgekommen?

„Wir mussten ja immer vom Stadtrand zum Gesundbrunnen fahren, das war schon schwierig, denn wir konnten ja noch gar nicht richtig die Stationen lesen. Unser Vater half uns, den Weg dorthin und wieder nach Hause zu finden.

Unsere Lehrerin war eine Polin, die sich redlich Mühe gab, aber es war ein ziemliches Chaos, die meisten Kinder verstanden kein Wort Deutsch. Die Lehrerin versuchte, sich mit Gesten und Bildern verständlich zu machen. Der Unterricht fand jeden Tag von 8.00 bis 13.00 Uhr statt. Nachmittags sollten wir Hausaufgaben machen, was aber freiwillig war. Die Kinder kamen meist aus arabischen Ländern, aus Syrien, dem Libanon, der Türkei, aber auch aus anderen Ländern wie aus Russland. Auf dem Schulhof hat jeder in seiner eigenen Sprache gesprochen und mit den Schülern gespielt, die aus dem gleichen Land waren, denn nur mit ihnen konnte man sich problemlos verständigen. Mir war bewusst, dass ich unbedingt Deutsch lernen musste. So kaufte ich mir Arbeitshefte, die deutscharabische Übersetzungen enthielten, und lernte vorwiegend zu Hause. Mein Vater motivierte mich, indem er mir versprach, nach den Hausaufgaben etwas mit mir zu unternehmen. Nach einigen Monaten verstand ich schon vieles und konnte sogar anderen Kindern beim Lernen helfen.

Die S-Bahn-Fahrten entpuppten sich manchmal als Abenteuer; einmal nahmen wir die falsche S-Bahn. An der Endstation stiegen wir aus und waren dort völlig verloren, bis uns Ahmad telefonisch über Umsteigen wieder den Weg zurück nach Hause wies. Ein anderes Mal war auf dem Rückweg Jamila plötzlich verschwunden. Wir wussten nicht, wo sie war. Später erfuhren wir, dass sie in der S-Bahn eingeschlafen war und so bis zur Endstation fuhr. Sie hatte kein Handy dabei, wir konnten sie also nicht erreichen. Meine Eltern waren in großer Sorge; doch sie schaffte es, zurückzufahren, und kam eine Stunde später als wir zu Hause an.“

Jamila, gab es denn außerhalb der Schule besondere Erlebnisse?

„Da fällt mir ein sehr komisches Erlebnis ein. Eines Tages schenkte uns unser Vater ein gebrauchtes Fahrrad; wir sollten alle das Radfahren lernen, aber wir konnten das ja nicht. So setzten wir uns alle nacheinander auf das Gefährt und probierten, zu fahren. Am Anfang ging das total schief. Lina wollte auf einem leichten Abhang bremsen, fand die Bremse nicht, streckte stattdessen Arme und Beine aus und fiel hin. Das war urkomisch, aber nach vielen Versuchen konnten wir auch solch ein technisches Gefährt richtig bedienen. Wir nutzten dann das Fahrrad umsichtig.

Ich kann mich auch an einen alten Mann mit Stock erinnern, der regelmäßig auf unserem Weg spazierte, wenn wir auf dem Rückweg von der Schule waren. Er hatte immer Bonbons dabei, das waren Werther's Original. Jeder von uns bekam ein Bonbon und die schmeckten superlecker. Wir sahen den alten Mann so regelmäßig, dass wir uns auf dem Rückweg schon auf die Bonbons freuten. Als der Mann mal nicht erschien, waren wir traurig. Der alte Mann sprach mit uns und war stets überaus freundlich. Besonders Mohamed freundete sich mit ihm an und sprach zu Hause von seinem Opa, der stets Bonbons dabeihatte. Das Erlebnis hinterließ solche Spuren, dass wir heute noch gerne Werther's Original-Bonbons kaufen und uns dabei stets an diesen freundlichen alten Mann erinnern."

Amal, was hast du denn in der ersten Zeit in Deutschland gemacht?

„Ich hatte so viel zu tun, meine Familie mit Essen zu versorgen. Ich war sehr schüchtern in der mir fremden Umgebung, erst traute ich mich nur mit Ahmad aus dem Haus, denn ich verstand ja kein Wort und hatte Angst, mich zu verirren. Am Wochenende unternahmen wir Ausflüge, um die Stadt besser kennenzulernen. Von Ahmad und meinen Kindern lernte ich auch ein wenig Deutsch, um besser zurechtzukommen.

Ab Mai 2017 besuchte auch ich einen Sprachkurs nahe dem Nauener Platz, es begann mit der Alphabet-Klasse, der sich dann die A1- und A2-Klasse anschloss. Für mich war der Besuch schwierig, weil ich ja stets Mohamed im Schlepptau hatte. Es gab zwar eine Kinderbetreuung für die kleinen Kinder, die bestand aber nur aus einem Klassenraum ohne Möglichkeit, das Schulgelände zu verlassen. Es war für die Kinder viel zu eng, sodass Mohamed nie mitwollte und immer weinte, wenn es wieder zum Nauener Platz ging. So war ich dann immer traurig, wenn mein Sohn traurig war, und das war oft der Fall. Der Alphabet-Kurs wurde mir bald langweilig, mehrere Wochen für 26 Buchstaben und einfache Worte, das konnte ich schon zu Beginn, denn ich hatte ja schon etwas Deutsch von Ahmad gelernt. So belegte ich früher als geplant den A1-Kurs und gleich im Anschluss den A2-Kurs, den ich im Frühjahr 2018 mit Erfolg abschloss.“

Ahmad, wie habt ihr denn die Wohnungssituation verbessern können?

„Das Jahr 2017 war kein schönes Jahr. Ich hatte Angst, die Wohnung zu verlieren, der Vertrag war bis Ende 2017 terminiert. Wir pendelten zwischen Sprachkurs, Wohnung, Isolation und großer Sorge; wir fühlten uns in einer Sackgasse ohne Ausweg. Wir hatten alle Mühe, unsere Kinder zu versorgen, und wir alle fühlten uns einsam in einem uns immer noch fremd erscheinenden Land. Anders als in Syrien gab es so gut wie keine Kontakte zu den Nachbarn. Wir hatten den Ein-

druck, dass sie uns mieden, weil wir ja mit den sechs Kindern und den schlechten Deutsch-Kenntnissen für sie Fremdkörper waren. Ich hatte den Eindruck, es ging nicht weiter, im Gegenteil, wenn wir keine neue Wohnung fänden, dann drohte der Einzug in ein Flüchtlingslager und das wollte ich auf keinen Fall, denn dort war es gefährlich und es war keine gute Umgebung für meine Kinder. Ich suchte zwar im Internet dauernd nach einer neuen Bleibe, aber wer nimmt schon eine Familie mit sechs Kindern, dazu noch ohne hohe Mietkosten. Es war so gut wie unmöglich, eine adäquate Wohnung zu finden. Amal und ich waren sehr traurig, ich hatte oft Kopfschmerzen nach der immer wieder vergeblichen Wohnungssuche."

V. Neues Leben
in der Umgebung von Berlin

Doch dann wendete sich das Schicksal und alles verlief ganz anders, als du es dachtest. Ahmad, was war geschehen?

„Eines Tages im August 2017 spazierte ich mit allen Kindern in unserer Nachbarschaft umher. Da sprach mich eine deutsche Frau auf Arabisch an: ‚Assalamu alaikum.' Ich war völlig perplex, das hatte es ja noch nie gegeben. Die Frau stellte sich als Marie vor. Sie sagte, sie habe Arabistik studiert und freue sich, mit uns etwas Arabisch sprechen zu können. Es stellte sich heraus, dass sie im Umland ganz in unserer Nähe wohnte. Wir waren also quasi Nachbarn, obwohl sie ja in einem anderen Bundesland, nämlich in Brandenburg, wohnte.

Ich lud sie in unsere Wohnung ein und schon nach wenigen Tagen kam sie vorbei und wir tranken zusammen Tee in unserer Wohnung. Marie brachte auch kleine Geschenke mit, wie einige Kinderbücher und Barbiepuppen, darüber freuten sich meine Kinder riesig. Sie sagte, dass sie selbst Kinder habe, die aber mittlerweile schon groß seien, sodass sie einiges an Kinderspielzeug habe, das sie nicht mehr benötigt und uns gerne schenkt.

Marie war äußerst interessiert an unserer Situation. Ich erzählte ihr von unserem Leben in Syrien, unserer Flucht und unserem Neuanfang in Berlin. Wir freundeten uns schnell mit ihr an. Marie fragte uns, wie sie uns helfen könne und was uns konkret am meisten Sorgen bereite. Ich sagte, dass ich zwei dringende Probleme hätte: Wir bräuchten eine größere Wohnung und einen Kita-Platz für Mohamed, damit Amal ungestört die Sprachschule besuchen kann."

Konnte Marie euch denn helfen?

„Schon nach zwei Tagen stellte sie die Unterlagen für Mohamed zusammen und nach zwei Wochen hatten wir einen Platz für ihn in einer Kita ganz in unserer Nähe. Über Marie erfuhren wir auch von der örtlichen Flüchtlingsinitiative, die in Zusammenarbeit mit der evangelischen Kirchengemeinde Unterstützung für Flüchtlinge bot. Jeden Samstag trafen wir uns in dem kleinen Gemeindehaus und dem dazugehörigen Garten. Dort lernten wir andere Flüchtlinge aus Syrien und Afrika kennen, aber auch ehrenamtliche Personen, die in dieser Initiative Flüchtlingen halfen, Fuß zu fassen. Wir waren natürlich mit unseren sechs Kindern schnell Gesprächsthema. Es gab Tee, Kuchen und Kekse, für die Kinder wurden Spiele organisiert. Diese Treffen fanden regelmäßig statt, sodass wir begannen, uns in unserem neuen Wohnort wohl zu fühlen und mit Gleichgesinnten zu sprechen."

Die Mitbegründerin dieser Flüchtlingsinitiative heißt Frieda, die ich fragte, wie es zu dieser Initiative kam:

„Im Herbst 2015 kamen sehr viele Flüchtlinge, vor allem aus Syrien. Der Landrat suchte deshalb nach geeigneten Unterbringungsmöglichkeiten, auch in unserem Ort. Da wir nicht unvorbereitet sein wollten, habe ich mit einigen anderen Bürgern eine Flüchtlingsinitiative gegründet, die Informationskurse zu Themen wie Sprachkurse, interkulturelle Kompetenz und Islam anbot. Im Oktober 2017 kamen Flüchtlingsfamilien aus Syrien, Afghanistan, Somalia und Kenia zu uns, die in einige neu gebaute Sozialwohnungen einzogen. Wir haben uns intensiv um diese Familien gekümmert. Jeden Samstag fanden Treffen in dem Gemeindehaus der Kirche statt, die dazu dienten, dass sich die Flüchtlinge untereinander austauschen konnten und wir von den Problemen erfuhren. So lernten wir zum Beispiel die Angelegenheiten des Jobcenters und der Ausländerbehörde kennen und wurden selbst zu ‚Fachleuten' bei diesen Themen. Die Flüchtlingsinitiative organisierte auch Busreisen, einmal zu einem Freizeitpark und einmal zu einem technischen Denkmal. Ein Fotograf machte Fotos und schenkte hinterher jeder Familie ein Fotobuch mit Kommentaren zu dem Ausflug. Das war eine sehr schöne Idee. Außerdem unternahmen wir Picknickausflüge in die Umgebung."

Eine neue Wohnung

Für die Familie Al Said ging es zunächst um die Verbesserung der Wohnsituation. Wie es dazu kam, dazu befragte ich Ahmad:

„Im November 2017 kam Marie zu uns und erzählte uns von einer größeren Wohnung in dem kleinen Ort in Brandenburg, die wir beziehen konnten. Wir wollten das erst gar nicht glauben. Wir vereinbarten einen Termin mit dem Vermieter. Ich ging mit Marie zur Wohnung, die sich als kleines Häuschen mit drei Zimmern, Bad und Küche entpuppte. Ideal für uns! Wir besichtigten ungläubig dieses schöne, relativ neue Häuschen und konnten nicht glauben, dass dieses für uns frei war. Irgendetwas kann da doch nicht stimmen? Da bemerkten wir runde Kugeln an der Decke, in denen wir Kameras vermuteten. Hatte da etwa der syrische Staat seine Finger mit im Spiel oder wollten uns die deutschen Behörden ausspionieren? Auf unsere Nachfrage wurde uns geantwortet, dass es sich um Lautsprecher für eine Musikanlage handelte, die der Vermieter einbauen wollte. Da waren wir beruhigt und noch im November konnten wir einziehen.“

Wie kam die Familie Al Said an diese Wohnung? Ein Bürger, nennen wir ihn Herr Schneider, der in der Nachbarschaft ein größeres Haus bewohnte, erwarb ein freies Grundstück und errichtete dort als Refugium ein Gästehaus, ebenerdig ohne Keller mit drei Wohnräumen, Küche und Bad. Herr Schneider erwähnte bei einem Gespräch mit dem Bürgermeister beiläufig, dass er gerne bei der Flüchtlingskrise helfen würde. Da nun Marie alle Hebel in Bewegung setzte für die Familie Al Said, sprach sich die Wohnungssuche bis zum Bürgermeister herum, der sich an das Gespräch mit Herrn Schneider erinnerte. Er rief dort an und siehe da, die Bereitschaft bestand noch, das kleine Häuschen zu einem fairen Preis zu vermieten.

Herr Schneider, was war denn für Sie die Motivation, Ihr kleines, neu erbautes Häuschen an eine Flüchtlingsfamilie zu vermieten?

„Die mediale Berichterstattung über Syrien machte mir bewusst, dass Hilfe notwendig ist. Ich wendete mich an den Bürgermeister und bot ihm an, mein Gästehaus zu vermieten. Ich war froh, dass mir eine Flüchtlingsfamilie vorgestellt wurde, denn so konnte ich einen kleinen Beitrag leisten. Die Gemeinde bestand darauf, dass die Flüchtlinge auch Miete zahlen, was ich akzeptierte. Das Haus war weitgehend ausgestattet, allerdings nicht für eine so große Familie. So besorgte ich noch ein paar Etagenbetten, damit die Familie einziehen konnte.

Die Familie erweiterte meinen Horizont, denn sie erzählte mir in einigen ausführlichen Gesprächen von ihrer Kultur im Allgemeinen und ihren Erlebnissen im Krieg. Ich wünsche niemandem, Vergleichbares durchmachen zu müssen, und ich bin ehrlich erstaunt, dass die Familie nach den ganzen erlebten Traumata so entspannt, offen, liebevoll und gastfreundschaftlich ist. Sie hat meinen größten Respekt.“

Ahmad, wie war denn der Einzug in eure neue Wohnung?

„Ende November 2017 zogen wir ein; wir veranstalteten eine kleine Einzugsparty, um alle unsere Nachbarn kennenzulernen. Wir hatten keinerlei Möbel, aber dank Maries Initiative wurden zahlreiche Leute mobilisiert, uns zu helfen, und im Nu hatten wir alles, was wir brauchten: Betten, eine Couch-Garnitur, Decken, Geschirr, Putz- und Waschmittel – alles, was zu einem funktionierenden Haushalt gehört. Nachbarn brachten uns Fahrräder für alle und wir bekamen von einem Anlieger jede Woche zehn frische Eier – bis heute, denn dieser Herr hält in seinem Garten Hühner.

Mit unserem direkten Nachbarn Peter und seiner Frau Lore freundeten wir uns näher an. Sie haben zwei Söhne, die aber schon dem Schulalter entwachsen sind. Mit Peter fuhr ich Fahrrad und joggte, er war auch an der arabischen Kultur interessiert, so nahm ich ihn mit in unsere Moschee. Ich bin mit ihm sogar nach Jordanien gereist, dazu kommen wir später.“

Peter, wie war für dich und deine Frau der Einzug der besonderen Nachbarn?

„Wir haben uns über den Einzug der Familie Al Said sehr gefreut. Sie machte schon bei der ersten Begegnung einen sehr aufgeschlossenen und freundlichen Eindruck, der sich später immer wieder bestätigte. Die Nachbarschaft hier ist ziemlich ruhig, fast zu ruhig, nachdem viele Kinder erwachsen geworden und ausgezogen sind. Da passt es, wenn eine junge Familie die Straße wiederbelebt. Das Nachbarhaus stand eine Weile leer und wir waren wirklich froh, als wieder Leute einzogen. Wir haben die neue Familie freundlich begrüßt und waren erstaunt, wie diszipliniert sich die Kinder verhielten. Wenn der Papa etwas sagte, dann galt dieses Wort.

Schon nach zwei Tagen besuchten wir unsere neuen Nachbarn und brachten einen Blumenstrauß und für die Kinder Schokolade. Wir wurden herzlich mit Falafel und Kaffee empfangen. Wir erkundigten uns, was die Familie benötigte, und konnten gleich mit zwei Fahrrädern von unseren Kindern helfen, die diese nicht mehr brauchten. Ich half Ahmad bei der Einrichtung des Fernsehens und des Internetzuganges. Manchmal war es kurios, denn plötzlich hatten wir Zugang zu arabischem Fernsehen, da gab es elektronische Überschneidungen unserer Netzwerke.

Wir unternahmen viel mit der Familie, vor allem mit den Kindern, um ihnen die Anfangszeit zu erleichtern. So fuhren wir zum Beispiel in einen nahe gelegenen Kletterwald, wir gingen öfter schwimmen, im Winter auch Schlittschuh laufen und unternahmen einige Waldspaziergänge. Ich merkte aber, dass der Wald den Kindern nicht geheuer war, denn ich erzählte ihnen von den gefährlichen Zecken, die überall zu finden waren, und da war die Freude am Wald schnell vorbei. In unserem Garten stand noch ein großes Trampolin, das unsere Kinder benutzten. Wir öffneten den Zaun zu unseren neuen Nachbarn, damit die Kinder bei uns jederzeit Trampolin springen konnten. Das hat gepasst, weil wir viel Platz im Garten haben und die Kinder gerade auch in der Corona-Zeit viel Platz brauchten."

Eine neue Schule

Ahmad, wie habt ihr denn die schulische Situation verändert, denn deine Kinder gingen ja noch in die Willkommensklasse in der Grundschule am Gesundbrunnen?

„Ja die Schulsituation machte mir Sorgen, denn die Willkommensklasse war im Dezember 2017 beendet. Außerdem fühlten sich meine Kinder dort nicht wohl und wünschten sich sehnlichst, in eine nahe gelegene Schule zu gehen. Auch dieses Problem meisterte Marie. Sie ging mit mir zur Schulleiterin der örtlichen Grundschule. Sie war sehr freundlich und genehmigte, dass meine Kinder in die Grundschule aufgenommen werden. Da fiel mir ein Stein vom Herzen, ein weiteres drängendes Problem war gelöst. Sie vereinbarte mit mir und

meinen Kindern einen Termin, an dem sie uns die Schule zeigte; alles machte einen aufgeräumten und guten Eindruck.

Im Januar 2018 wurden meine Kinder auf die verschiedenen Klassen aufgeteilt. Jasmin und Halima kamen in die erste Klasse, aber in unterschiedliche Parallelklassen, damit sie sich schneller an andere Kinder gewöhnten. Jamila kam in die dritte Klasse und Lina und Osman in zwei verschiedene fünfte Klassen."

Osman, wie hast du die erste Zeit in einer normalen Grundschule in Deutschland empfunden?

„Es war schwer. Während ich in der Willkommensklasse mittlerweile das meiste verstand, habe ich hier wieder nichts verstanden. Auch Lina fühlte sich genauso hilflos, denn hier sprachen ja die Lehrerinnen in einem normalen Tempo und benutzten normales altersgerechtes Vokabular und das war viel zu schnell und zu kompliziert für uns. Ich lernte wieder vorwiegend aus Büchern Schreiben und Rechnen. Auf dem Schulhof sprachen wir Deutsch, das war ein ganz entscheidender Unterschied zu der Willkommensklasse. So war ich darauf angewiesen, mich zu verständigen, denn ich wollte ja mit den anderen Kindern spielen. Anfangs bekamen wir keine Noten, denn die wären ja viel zu schlecht gewesen. Aber irgendwann kam es dann wie von selbst, ich gewöhnte mich an den Lehrbetrieb und die Sprache auf dem Schulhof und bald war es kein Problem mehr für mich, dem Unterricht zu folgen.

Einmal kam ein Zirkus in die Schule und das war für alle Kinder ein großer Spaß. Ich war als Fakir verkleidet und musste auf einem Nagelbrett stolzieren, die Nägel standen allerdings so eng, dass es nicht sehr weh tat. Ich musste auch Feuer spucken; wie bei einem echten Fakir schüttete mir ein Helfer eine Flüssigkeit in den Mund, sodass ich Feuer speien konnte. Da fühlte ich mich wichtig, vor allem, als alle Beifall klatschten."

Jamila, kannst du die Eindrücke von Osman ergänzen?

„Ich habe mich auf die Schule in unserem neuen Ort gefreut, denn in der Willkommensklasse am Gesundbrunnen habe ich mich nie wohl gefühlt. Mir ist das große Schulgebäude aufgefallen und die Tische in den Klassen, die in einer Reihe standen, so wie ich das im Libanon gewohnt war. Ich hatte jetzt das Gefühl, in einer richtigen Schule angekommen zu sein. Als ich am ersten Tag in meine Klasse kam, befand sich auf meinem Platz ein Zettel mit einem Klassenfoto und den Worten auf Deutsch und Arabisch: ‚Guten Morgen – Sabah al kheir‘. Das fand ich eine nette Geste der Klassenlehrerin. Ich wurde gleich allen Kindern vorgestellt, einige kamen in der Pause zu mir und wollten mit mir sprechen. Ein Mädchen begrüßte mich ganz besonders: ‚Ich heiße Lucia, wollen wir Freunde sein?‘ Alle wollten mir die Schule zeigen, das verstand ich und so ging ich in der Pause mit einigen Mädchen durch das Schulgebäude. Ich konnte mich aber nicht mit ihnen unterhalten, was mich traurig machte. So stand ich in den ersten Tagen in der Hofpause doch mit meinen Geschwistern zusammen, die ähnliche Erfahrungen machten.

Nach etwa einer Woche konnte ich etwas mehr verstehen und spielte jetzt mit den Mädchen meiner Klasse und nicht mehr mit meinen Geschwistern. Ich lernte schnell Worte wie ‚Fangen‘ und ‚Verstecken‘, also Worte, die man zum Spielen brauchte. Ich fühlte mich wohl in meiner Klasse, alle Mitschüler waren wirklich nett und alle neuen Lehrer stellten sich mir vor, indem sie eine einfache Sprache gebrauchten. Ich wollte jetzt mehr Deutsch lernen, so schaute ich Deutsches Fernsehen und versuchte, immer mehr zu verstehen, was auch klappte. Ich schrieb mir die Vokabeln allerdings nie auf, irgendwie ging es auch ohne systematisches Lernen voran. Ich hatte auch eine beste Freundin, nämlich die Karla, die sogar ganz oft bei uns übernachtete.“

Ja, fragen wir sie doch mal: Karla, wie kam es dazu, dass ihr so enge Freundinnen wurdet?

„Nachdem Jamila einige Tage bei uns in der Schule war, fragte uns unsere Klassenlehrerin, wer sich denn mal mit Jamila verabreden wollte. Ich meldete mich, weil ich Jamila nett fand und neugierig *war. Dann bin ich mit meiner Mutter zu der Familie gefahren und habe dort die Gastfreundschaft und die vielen Kinder gleich toll gefunden. Wir haben uns ganz oft verabredet und in einem Sportverein zusammen geturnt und später Basketball gespielt. Ich habe Jamila und ihre Familie sehr oft besucht und an vielen Wochenenden bei der Familie übernachtet. Die Familie hat in meinem Beisein immer versucht, Deutsch zu sprechen, damit ich alles verstand. Mir gefiel, dass in der Familie immer so viel los war. Ich mochte auch die arabischen Spiele und das leckere Essen, das uns Amal zubereitete. Ich konnte sogar meine Mutter dazu bewegen, arabisches Brot zu kaufen. Jetzt ist der Kontakt leider etwas abgerissen, weil wir in unterschiedliche Schulen gehen, aber ich werde Jamila sicher bald wieder besuchen."*

Und deine Mutter, wie hat sie das gesehen? Fragen wir sie doch mal: Paula, wie fandest du denn, dass deine Tochter eine enge syrische Freundin hatte?

„Ich habe mich sehr gefreut, dass Karla sich mit Jamila verabreden wollte und die beiden Mädchen sich so gut verstanden. Die Familie von Jamila ist so warmherzig und gastfreundschaftlich, das hat Karla und mir gleich sehr gefallen. Ich habe manchmal Jamila bei den Hausaufgaben oder beim Üben für die Klassenarbeiten geholfen. Jamila hatte großes Glück mit der einfühlsamen und engagierten Klassenlehrerin. Meine Tochter erzählte mir, dass die Klassenlehrerin in einer der ersten Stunden Jamila bat, ein arabisches Wort an die Tafel zu schreiben und zu erklären, was es bedeutet. Dann bat die Lehrerin die Kinder, das arabische Wort abzuschreiben und es vorzulesen. Mit den fremden Schriftzeichen hatten die Kinder natürlich große Probleme. Dann sagte die Lehrerin zu den Kindern: So, jetzt wisst ihr, wie schwer es ist, im Unterricht in einer fremden Sprache mitzukommen und warum Jamila oft mehr Zeit und Unterstützung bei den Aufgaben braucht."

Jasmin und Halima wurden in die erste Klasse eingeschult. Jasmin, wie war denn für dich der erste Schultag in der Grundschule?

„Sehr emotional! Auch bei mir gab es diesen Zettel als Willkommens-gruß, aber erstmalig ohne meine Geschwister in einer Klasse mit Schülern, die ich überhaupt nicht verstand, das war zu viel und ich fing an, zu weinen. Da kam meine Klassenlehrerin auf mich zu und stellte mir die beiden Klassenmaskottchen vor: ein Eisbärmädchen mit Namen ‚Leonie' und ein Eisbärjungen mit Namen ‚Daniel'. Es waren zwei Kuscheltiere, die ich so süß fand, dass ich aufhörte, zu weinen.

Wir haben ja in der ersten Klasse das Alphabet gelernt und ich musste einige Buchstaben aufholen, was mir auch gelang. Ich verstand von Tag zu Tag mehr und fühlte mich wohler. Halima, die in meiner Pa-rallelklasse war, erging es ähnlich. Ich besuchte mit allen Geschwis-tern zusätzlich und teils auch parallel die DAZ-Klasse, ‚Deutsch als Zweitsprache', dort lernten wir systematisch die deutsche Sprache. Irgendwie füllten sich die verschiedenen Bausteine der Sprache zu einem großen Ganzen und heute habe ich keinerlei Probleme mehr mit der deutschen Sprache. Ich kann sogar meinen Eltern helfen, wenn sie etwas nicht verstehen.

Ich habe in meiner Klasse gerne zwischen anderen Kindern vermit-telt, wenn es mal Streit gab. Es gab bei uns einen Klassenrat, in dem ich mitwirkte, und manche meiner Ideen zur Streitschlichtung wurden auch verwirklicht. Das war für mich ein tolles Gefühl, ich fühlte mich anerkannt und nützlich für andere."

Das ehrenamtliche Netzwerk

Marie, die schon Entscheidendes für die Familie Al Said bewirken konnte, unterhielt sich mit ihren Freunden über diese Familie und motivierte sie dazu, je nach Zeit und Interesse mitzumachen. So kümmerten sich ihr Mann Robert und der befreundete Jurist Alexander um die Behördenangelegenheiten, ihre Freundinnen Elisabeth und Susi um das Wohl der Kinder und ihre Freundin Marion half den Eltern beim Sprachtraining. Ihr Freund Hans half beim Englischunterricht der Kinder und die neuen Nachbarn Peter und Lore unterstützten bei allen Nachbarschaftsangelegenheiten. Es bildete sich ein Netzwerk aus Unterstützern, die sich mittels einer WhatsApp-Gruppe regelmäßig austauschten. Marie organisierte bei Bedarf Koordinierungstreffen der Unterstützer, um sich über die Erfahrungen auch persönlich auszutauschen und neue Hilfsmaßnahmen zu organisieren.

Elisabeth, du hast dich als Sozialpädagogin und Freundin von Marie um die älteren Kinder Lina und Osman in der ersten Zeit des Schulbesuches in der Grundschule gekümmert. Wie waren deine Erfahrungen?

„Ich habe Lina und Osman bereits ab Ende 2017 nach Schulschluss in der Grundschule in Mathe und Deutsch unterrichtet. Das war am Anfang schwierig, weil beide Kinder kaum Deutsch konnten, aber es ging im Laufe der Zeit immer besser. Ich habe viel vorgelesen, wir haben Texte besprochen, um das Verstehen der deutschen Sprache zu üben. Beide Kinder waren eigentlich mit der Situation überfordert. Lina schien mir manchmal traumatisiert, sie hat wohl schlimme Er-

lebnisse mit Gewalt in Syrien erfahren, das sah ich an den Bildern, die sie gemalt hat. Sie schien mir nicht bereit für ein neues Leben in Deutschland, sie wollte eigentlich ihr Leben in Syrien in Frieden fortsetzen. Osman war aufgeschlossener und wissbegieriger. Ich habe die Familie manchmal auch zu Hause besucht und war jedes Mal überwältigt von der herzlichen Gastfreundschaft. Ich begleitete die Eltern auch manchmal zum Tag der offenen Tür und zu Elterngesprächen, denn ich merkte, ohne meine Hilfe konnten sie den Elterngesprächen nicht folgen. Ab Mitte 2019 wurde meine Unterstützung weniger, weil die Kinder in eine lernunterstützende Einrichtung in unserem Ort gingen und dort Nachhilfe in den Hauptfächern bekamen."

Hans, auch du hast Lina und Osman unterstützt, wie war das?

„Marie hatte mich gefragt, ob ich Zeit und Lust hätte, in ihrer Helfergruppe mitzuarbeiten und bei einer Flüchtlingsfamilie mit sechs Kindern den beiden ältesten Kindern Englischunterricht zu geben, damit sie den Anschluss an die Klasse bekommen. Da mir Englisch durch einen langen Aufenthalt in England geläufig war, habe ich gerne zugesagt. Wir haben einmal in der Woche in der Grundschule nach Beendigung des Unterrichtes Englisch geübt, aber es war schwierig, denn für die Kinder war das ja die zweite Fremdsprache und dazu noch eine, in der die Wörter meist anders gesprochen als geschrieben werden. Immerhin konnte ich erreichen, dass sich die Noten deutlich verbesserten. In der Corona-Zeit haben wir uns alle Gedanken gemacht, wie wir die Kinder in der Zeit des Lockdowns beschäftigen können. Ich habe die Familie mehrfach besucht und den Kindern Puzzles und Baukästen geschenkt. Einmal gab es eine wirklich schwer zu bauende Flugmaschine von Leonardo da Vinci, aber sie haben es geschafft und diese mir später stolz vorgeführt."

Susi, auch du hast ja ganz viel mit den Kindern und der Familie unternommen, was hast du alles gemacht?

„Bei einem Besuch bei meiner Freundin Marie hat sie mir von der Flüchtlingsfamilie erzählt; sie würde gleich die Familie besuchen,

ich solle doch mitkommen, da hat sie mich untergehakt und mich der Familie vorgestellt. Ich war gleich fasziniert von der Herzlichkeit und Gastfreundschaft. Nach dem Umzug spazierte ich jede Woche zu der Familie und habe meist aus bekannten Kinderbüchern, wie zum Beispiel Jim Knopf und der Lokomotivführer oder Pettersson und Findus, vorgelesen. Wir saßen in einem Kreis und jedes Schulkind hat einen Abschnitt vorgelesen, jede Woche, zwei bis drei Stunden, alle Kinder waren sehr wissbegierig und aufgeschlossen. Einmal setzte sich Mohamed, der ja noch in den Kindergarten ging, zu uns in den Kreis. Eines seiner Geschwister gab ihm das Buch, um es weiterzureichen, aber nein, er behielt es und las einige einfache Wörter vor, und zwar richtig. Ich war erstaunt, das hatte er schon von seinen Geschwistern gelernt.

Als das neue Schuljahr begann, bekam jedes Kind von der Lehrerin eine Einkaufsliste mit Schulmaterialien, nicht etwa für jedes Kind das Gleiche, nein, jede Lehrerin hatte Extrawünsche im Hinblick auf die Marke und die Farben der Stifte oder die Form und Linienanordnung in den Heften. So ging ich mit fünf Kindern und fünf verschiedenen Einkaufslisten in das hiesige Schreibwarengeschäft, um alles zu besorgen. Das hat natürlich gedauert, dennoch keine Quengelei, alle Kinder waren ganz diszipliniert und haben gewartet, bis sie an die Reihe kamen. Die gleiche Erfahrung machte ich beim Eisessen, wirklich vorbildlich; das kenne ich ganz anders aus deutschen Familien.

Ich habe auch versucht, den Kindern die deutsche Kultur näherzubringen. So malten sie mit großer Leidenschaft zu Ostern Eier bunt an. Zu Weihnachten schmückte ich zusammen mit den Kindern in meiner Wohnung unseren Weihnachtsbaum und sang mit ihnen deutsche Weihnachtslieder. Mit Amal kochte ich Marmelade, was sie heute selbst macht.

Ich organisierte auch Freizeitaktivitäten. So meldete ich alle Kinder in einer privaten Schwimmschule an, um dort Schwimmen zu lernen, mindestens bis zum Frühschwimmerabzeichen: ‚Seepferdchen‘. Jamila hatte bereits in der dritten Klasse Schwimmunterricht, so erwarb sie sogar das Bronze-Abzeichen. Die Kosten wurden durch die Willkommensinitiative übernommen. Einmal gingen wir zusammen zum Schwimmen in das Freibad am Tegeler See. Ich wunderte mich zwar über die Ganzkörperanzüge, die Burkinis der Mädchen. Nichtsdestotrotz hatten wir alle viel Spaß. Osman motivierte mich sogar dazu, vom Dreimeterbrett zu springen, als Vorbild, was ich dann auch widerwillig tat. Er sprang hinterher.

Zur Überbrückung der Sommerferien meldete ich die Kinder in einem Englischcamp und in einem Zirkuscamp an."

Zu dem Zirkuscamp erzählte mir Jamila:

„Wir waren eine Woche auf einem Bauernhof und haben dort in Zelten übernachtet. Dort unternahmen wir Ponyreiten, wir haben die Tiere gefüttert, wir haben Bogenschießen gelernt und sind mit einem Floß gerudert; es war sehr abwechslungsreich.

In einer anderen Ferienwoche organisierte die Gemeinde das ‚Minidorf' auf dem Schulhof der Grundschule. Die Idee war, Aufgaben zu erfüllen, z. B. sportliche oder handwerkliche Aufgaben, wofür die Kinder Punkte bekamen, die sie gegen Spielgeld eintauschen konnten, um sich in verschiedenen Shops Süßigkeiten und Spielsachen kaufen zu können. Es gab auch einen ‚Mini-Bürgermeister', der das Spielgeld verwaltete und ausgab. Der Bürgermeister sollte von den Kindern gewählt werden. Eine Mitschülerin schlug mich als Bürgermeisterin vor, erst wollte ich nicht, doch dann schienen mir der schwarze Hut und der Koffer irgendwie interessant und ich meldete mich freiwillig, denn ich wollte den Hut aufsetzen und war an dem Inhalt des Koffers interessiert. Gegen einen Gegenkandidaten wurde ich tatsächlich gewählt und konnte die so spannenden Utensilien in Empfang nehmen. Mir wurde meine Aufgabe erklärt, nämlich gegen Punkte Geld auszugeben, und ich fühlte mich ganz wichtig. So wachte ich über das ‚Minidorf' als Bürgermeisterin. Alle meine Geschwister machten mit, auch meine Mutter, die mit *einer Freundin einen Stand hatte, bei dem man syrische Leckereien erwerben konnte. Alles hat großen Spaß gemacht. Schade, dass es diese Aktivität nicht mehr gibt."*

Um die Kinder kümmerten sich auch die Nachbarn Lore und Peter, die nicht nur Nachhilfe gaben, sondern Amal auch zu den Elterngesprächen begleiteten.

Lore, du hast ja Amal öfter in die Schule begleitet, was fiel dir da auf?

„Ja, die Elterngespräche waren angenehm, aber ich wunderte mich, dass die Lehrer die Sprachkompetenz so in den Vordergrund rückten.

Dadurch gerieten andere Kompetenzen und Interessen, wie Mathe-
matik, Naturkunde, Kunst, Musik und Sport, in den Hintergrund.
Aber schließlich haben ja alle Kinder außer Mohamed, der jetzt erst
in der 5. Klasse ist, die Grundschule gut absolviert, sodass ich keine
größeren Schulprobleme zu bewältigen hatte. Mein Mann betätigte
sich auch schon mal als Nachhilfelehrer für Mathematik."

Auch ich selbst habe über die Flüchtlingsinitiative die Familie Al
Said kennengelernt. Jasmin, Halima und ihr kleiner Bruder Mohamed waren mein erster Kontakt zur Familie im Herbst 2021,
denn ich suchte nach meiner Pensionierung eine ehrenamtliche
Tätigkeit in der Schule. Auf Empfehlung der Schulleiterin gab ich
allen drei Kindern Nachhilfe in Deutsch, Mathe und Englisch.
Ich merkte aber bald, dass meine Unterstützung gar nicht mehr
so wichtig war, denn alle drei Schüler kamen im Unterricht gut
mit. Es war eher eine Art Hausaufgabenbetreuung und eine Ge-
sprächsrunde über den Alltag in der Schule und in der Familie.

Amal, wie hast du die erste Zeit als Mutter von sechs Kindern
in dem neuen Haus verbracht?

„Ich war lange zu Hause, denn sechs Kinder zu versorgen, das füll-
te mich völlig aus. Mit dem Einkaufen, dem Essen bereiten und der
Haushaltsführung war ich eigentlich voll ausgelastet. Am Wochen-
ende ging ich öfter mit meiner Familie zum Flüchtlingstreffpunkt in
die Kirchengemeinde; dort lernte ich auch andere ausländische Fa-
milien kennen, mit denen wir öfter gemeinsame Picknickausflüge in
die Umgebung unternahmen."

Sprachtraining und eine neue Arbeitsstelle

Nachdem die Wohn- und Schulsituation geklärt war, konnte sich
Ahmad um Arbeit kümmern. Ahmad, wie hast du eine Arbeitsstelle gefunden?

„Ich wollte gerne Pflegehelfer werden, dies erzählte ich Marie, woraufhin sie mich an ein Altenpflegeheim vermittelte. Hier machte ich im Juli 2018 ein Praktikum. Ich gab mir sehr viel Mühe, aber ich verstand die Fachsprache nicht. Die Kolleginnen und Kollegen waren sehr nett zu mir, sie luden mich in den Pausen immer zu sich an den Tisch ein, obwohl ich sie nur sehr schwer verstand und ich mich zu dieser Zeit immer noch nicht richtig ausdrücken konnte. Nach dem Praktikum lobte mich meine Chefin, ich hätte toll gearbeitet, aber sie sagte auch, dass ich noch an meinen Sprachkenntnissen arbeiten müsse. So belegte ich vom September 2018 bis April 2019 den B1-Sprachkurs, den ich, da ich jetzt sehr motiviert war, auch bestand. Danach absolvierte ich auf Anraten der Schule noch den Integrationskurs, der für die Erlangung der deutschen Staatsangehörigkeit wichtig war. Auch diesen bestand ich."*

Marion, du hast ja als Freundin der Familie Al Said beide Eltern bei den Sprachkursen unterstützt. Wie war das?

„Ich habe mit Ahmad viel Deutsch geübt, mindestens einmal in der Woche. Wir haben uns auf die Sprachprüfungen vorbereitet und dazu alte Sprachtests aus dem Internet durchgearbeitet. Es war für Ahmad sehr schwierig, die Prüfungsaufgaben, vor allem den schriftlichen Teil, zu lösen. Er hat aber nie aufgegeben und war entschlossen, seine B1-Prüfung auf jeden Fall zu schaffen. Das ist ihm auch gelungen.

Ebenso hat Amal, der ich anschließend ebenfalls regelmäßig beim Deutsch lernen half, dieses Sprachniveau erreicht und nach bestandener Prüfung sogar einen weiteren Sprachkurs auf B2-Niveau besucht. Ich finde, beide können auf ihre Lernerfolge sehr stolz sein.

Aufgrund unserer Lernnachmittage sind wir rasch zu Freunden geworden und ich sah die Familie auch zu anderen Anlässen, wie Bibliotheksbesuche, Eisessen, gemeinsames Spielen in den Ferien etc. Später einmal hat Amal für uns ein köstliches arabisches Buffet kreiert anlässlich eines Besuchs von Mitarbeitern meines Mannes bei uns zu Hause. Amal fühlte sich richtig anerkannt, als ich sie in einer kleinen Ansprache vor der Buffeteröffnung als Köchin vorstellte und natürlich gab es viel Beifall für sie."

Ahmad, wie ging es bei der Suche nach einer Arbeitsstelle weiter?

„Dank der Hilfe der Leiterin des Altenpflegezentrums und des Job-
centers besuchte ich von Anfang Mai 2019 bis zum Dezember 2019
einen Pflegehelferkurs. Wir waren nur elf Schüler – vier Deutsche,
drei Afrikaner, mit mir drei Syrer und ein Iraner –, die von zwei bis
drei Lehrern unterrichtet wurden. Wir hatten ein gutes Verhältnis
zueinander, was sich darin zeigte, dass wir jeden Monat einen Aus-
flug unternahmen.

Nach erfolgreichem Abschluss des Lehrganges erhielt ich direkt da-
nach im Januar 2020 einen Arbeitsvertrag mit einer sechsmonatigen
Probezeit. Ich arbeitete offenbar zur Zufriedenheit meiner Chefin,
sodass ich schon nach zwei Monaten einen Zweijahresvertrag erhielt,
der mittlerweile unbefristet ist.

Ich habe im Jahr 2022 sogar auf Initiative der Pflegedienstleitung
eine individuelle Sprachförderung in Anspruch nehmen dürfen, um
meine fachbezogenen Sprachkenntnisse weiter zu verbessern.

Meine Arbeit macht mir Spaß, obwohl sie schwer ist, vor allem kör-
perlich, denn ich muss manchmal die alten Menschen aus den Betten
oder den Rollstühlen heben. Ich habe dort eine 35-Stundenwoche und
werde zwar gut bezahlt, aber das Geld nach allen Abzügen ist kaum
höher als das Bürgergeld, das ich vom Jobcenter bekam. Das wundert
mich: Warum werden in Deutschland Menschen, die gar nicht arbeiten,
fast genauso gut bezahlt wie Menschen wie ich, die schwere Arbeit
verrichten? Was ich auch nicht verstehe, manche meiner Kolleginnen
und Kollegen sind regelmäßig krank oder geben vor, krank zu sein.
Sie gehen einfach zum Arzt und lassen sich krankschreiben, obwohl
sie sich nur ausruhen wollen. Ich würde so etwas nie machen, denn
der Islam verbietet mir diese Unehrlichkeit. Ich gebe mein Bestes und
versuche auch, auf die alten Menschen einzugehen. In den Pausen
spreche ich viel mit ihnen, wir tanzen zusammen und machen Spaß,
denn Ansprache mögen die Senioren ganz besonders. So bin ich wohl
der Einzige, den alle mit Namen kennen.“

Ich habe die Pflegedienstleiterin gefragt, wie sie die Arbeit von Ahmad beurteilt:

„Ahmad ist ein sehr fleißiger und gewissenhafter Mitarbeiter. Er hat ein Händchen für die Pflege von alten Menschen, gerade auch im nicht einfachen Demenzbereich. Er ist im Umgang mit unseren Bewohnern stets ruhig und freundlich. Bei unseren Veranstaltungen verbreitet er viel Vergnügen; er tanzt auch schon mal mit tanzbegeisterten Damen. Auch bei den Mitarbeitern ist er sehr beliebt. Über seine noch vorhandenen Sprachdefizite sehen wir gerne hinweg. Die Bewohner und wir als Pflegekräfte verstehen ihn und er kann sich gut im Berufsalltag ausdrücken. Wir haben ihm auch einen individuellen Sprachkurs finanziert, um seine Sprachkenntnisse weiter zu verbessern. Er ist gerade auch mit seinem kulturellen Hintergrund eine große Bereicherung für unser Haus. Bei meinen persönlichen Begegnungen mit ihm ist mir aufgefallen, dass er sehr gerne von seiner Familie erzählt. Er ist stolz auf seine vielen Kinder. Seine Frau war auch schon mal in unserer Einrichtung und hat eine Menge selbst gebackene Kekse verteilt. Auch sein ältester Sohn Osman kam mal vorbei, um seinen Vater bei der Arbeit zu besuchen. Wir hoffen, dass Ahmad noch lange bei uns arbeiten wird."

Unterstützung bei den Behördenangelegenheiten

Auch Robert, der Ehemann von Marie, und Alexander, ein Freund der Familie, hatten wichtige Funktionen in dem mittlerweile auf mehrere Personen angewachsenen Hilfswerk rund um die Familie. Sie kümmerten sich um die Behördenschreiben, Robert um Schreiben des Jobcenters, Wohnungs- und Kindergeld sowie steuerliche Angelegenheiten und Alexander um alles rund um das Bundesamt für Migration und Flüchtlinge (BAMF) und die Ausländerbehörden.

Robert, wie sah deine Hilfe konkret aus?

„Marie hatte mir von der Flüchtlingsfamilie erzählt und es wurde schnell klar, dass für deren Umzug, für die Einschulung der Kinder und insbesondere für die Zahlung von staatlicher Unterstützung eine Menge Papierkram zu erledigen war, mit dem die Menschen, die die deutsche Sprache gerade erst erlernen, überfordert sein würden. Deshalb bat ich Ahmad, mir alle Unterlagen zu zeigen, die er hatte, damit ich mir ein genaues Bild von seiner familiären Situation machen konnte. Daraufhin kam Ahmad mit zwei Plastiktüten voller Dokumente zu mir. Aus Sorge, etwas falsch zu machen, hatte er jedes Papierstück aufgehoben; vom Zeugnis bis zur unbedeutenden Quittung. Es dauerte mehrere Tage, bis ich die Dokumente gesichtet und sortiert hatte.

Ich vereinbarte mit Ahmad, dass er mir zukünftig alle behördlichen Schreiben bringen solle, damit nichts verloren ging und kein Termin versäumt wurde. Ahmad gab mir auch eine Vollmacht, sodass ich gegenüber den Behörden handlungsfähig war. Da die Amtssprache kompliziert ist und die Zuständigkeiten unübersichtlich sind, unterstütze ich Ahmad bis heute bei Behördenangelegenheiten.

Zwei Beispiele:
Da der Verdienst von Ahmad nicht ausreichte, um die Miete zu bezahlen und eine so große Familie zu ernähren, hatte die Familie Anspruch auf Zahlung von Grundsicherung, die ungefähr alle sechs Monate neu beantragt werden musste und vom Jobcenter regelmäßig bewilligt wurde. Im Juni 2022 wurde die Hilfe plötzlich eingestellt. Der Landkreis forderte Ahmad auf, bei der Familienkasse einen Antrag auf Kinderzuschlag zu stellen und beim Landkreis Wohngeld zu beantragen. Natürlich stellten wir diese Anträge umgehend, wozu zahlreiche Nachweise über die finanzielle Situation der Familie wie Verdienstbescheinigungen, Höhe der Miete und Kontoauszüge sowie weitere Unterlagen wie Schulbescheinigungen und Kopien der Aufenthaltstitel aller Familienmitglieder zusammengetragen werden mussten. Gleichzeitig teilten wir dem Jobcenter pflichtgemäß mit,

dass die älteste Tochter der Familie vor wenigen Wochen ausgezogen sei und einen anderen Wohnsitz habe.

Aber schon lange bevor Wohngeld und Kinderzuschlag bewilligt wurden, stellte das Jobcenter die Zahlung der Grundsicherung mit der Begründung ein, dass die Familie eben diese Leistungen erhalte. Während das Wohngeld dann tatsächlich für den Zeitraum von 12 Monaten bewilligt und ab September 2022 gezahlt wurde, verzögerte sich die Zahlung des Kinderzuschlages bis in den Januar 2023, weil sich die Abstimmung zwischen Familienkasse und Jobcenter über Rückvergütungsansprüche für zu lange und zu viel gezahlte Grundsicherung über mehrere Monate hinzog und auch trotz mehrmaliger Intervention durch die Familie und durch mich nicht zu beschleunigen war.

Meine Kenntnisse in der deutschen Sozialgesetzgebung sind gering, aber am Ende konnte ich alle Entscheidungen der drei beteiligten Ämter und ihre Berechnungen nachvollziehen und habe sie Ahmad auch hoffentlich genügend gut erklären können. Aber solch komplizierte Verfahren reduzieren bei Menschen aus anderen Kulturen das Vertrauen in die Rechtmäßigkeit des behördlichen Handelns.

Da kam es mir sehr gelegen, dass ich der Familie auch zeigen konnte, wie korrekt sich bei uns der Staat verhält. Als die Familie im März 2023 die Aufforderung erhielt, die Einkommensteuererklärungen für den Zeitraum von 2020 bis 2022 einzureichen, haben wir erstmal alle nur den Kopf geschüttelt. Warum soll jemand, der mit seinem Einkommen die eigene Familie nicht unterhalten kann und deshalb Unterstützung vom Staat erhält, eine Einkommenserklärung machen? Aber es stellte sich heraus, dass Ahmad bei seiner Arbeitsaufnahme im Dezember 2019 zunächst für zwei Monate in einer für ihn ungünstigen Steuerklasse veranlagt war und dass er bei einem Gehaltssprung im Jahr 2021 noch einmal Lohnsteuer gezahlt hatte. Beide Male waren es nur geringe Beträge und die Abzüge waren ihm nicht aufgefallen. Aber zwei Jahre später zahlte nun der Staat dieses Geld freiwillig zurück, ein Vorgang, der bei der Familie noch einmal ungläubiges Kopfschütteln auslöste.“

Alexander, wie sah deine Hilfe konkret aus?

*„Zunächst musste ich mir ein Bild über die etwas chaotische Akten-
lage machen und habe alle Familiendokumente, Korrespondenzen
mit dem BAMF, der Ausländer- und anderen Behörden von Ahmad
übernommen, übersichtlich in Ordnern angelegt und ihm zur weiteren Aktenführung zurückgegeben. Ich wurde von Ahmad bevollmäch-
tigt, die Angelegenheiten um Schutzstatus sowie Aufenthalts- und
Niederlassungserlaubnis für die Familie mit den Behörden zu regeln.*

*Ahmad hatte ja, als ich meine Tätigkeit im November 2019 begann,
bereits eine Aufenthalts- und Arbeitserlaubnis als politischer Flüchtling. Auf dieser Grundlage konnte er noch im Dezember 2019 seine
Tätigkeit als Altenpflegehelfer aufnehmen. Die Familie kam im Zuge
des Familiennachzugs im November 2016 nach Deutschland. Ein Asyl-
antrag wurde damals nicht gestellt, weil die Familie die Bedeutung
nicht kannte. Die Aufenthaltserlaubnisse für Amal und die Kinder
wurden schrittweise zunächst bis März 2020 verlängert. Um politi-
sches Asyl zu beantragen, brauchten Amal und die Kinder zunächst
einmal gültige syrische Pässe, die waren aber abgelaufen. Deren Verlängerung konnte nur die syrische Botschaft bewerkstelligen. Eine
Bitte an die Ausländerbehörde, auf die sehr unwürdige Prozedur bei
der syrischen Botschaft zu verzichten, wurde abschlägig beschieden.“*

So musste sich Amal mit großen Ängsten an die syrische Botschaft wenden. Amal, wie hast du das bewältigt?

*„Ich ging also zusammen mit meinen Kindern Anfang 2020 in die
syrische Botschaft. Ich hatte furchtbare Angst vor den syrischen
Beamten, so nahm ich Marie mit. Bereits vor der Öffnung der Botschaft standen wir zwei Stunden in einer Schlange, denn sonst wären
wir an dem bestellten Tag gar nicht mehr in die Botschaft gelassen
worden. Nach Einlass warteten wir noch eine Weile in einem Keller-
raum auf meist kaputten Plastikstühlen. Dann öffneten die Schalter.
Die Beamten waren sehr unfreundlich und herablassend zu uns, sie
sahen uns als Feinde des Staates. Sie prüften alle von uns sorgfältig*

vorbereiteten Dokumente, eine Kopie fehlte, Marie musste die Kopie in einem nahegelegenen Hotel anfertigen lassen, weil die Botschaft sich nicht herabließ, diese Kopie selbst zu machen. Mir wurde die Frage gestellt, ob ich die Pässe bereits nach zwei Tagen erhalten wolle, das hätte pro Pass 600 €, also bei sieben Pässen insgesamt 4.200 € gekostet, eine lukrative Einnahmequelle für die Assad-Diktatur. Ich gab mich mit der normalen Prozedur zufrieden, die pro Pass 295 € gekostet hat, also 2.065 € für alle Pässe. Diesen Betrag musste ich bar bezahlen. Woher sollte ich das Geld nehmen? Wir baten das Jobcenter um einen Vorschuss, der auch gewährt wurde; aber wir mussten dem Jobcenter in sechs monatlichen Raten alles zurückzahlen. Alle Dokumente wurden nach Syrien geschickt. Nach einem Monat wurden uns die Pässe per Post zurückgeschickt. Die Pässe waren nur für weitere zwei Jahre gültig, so hatten wir die Vorstellung, nach zwei Jahren wieder 2.065 € bezahlen und die unfreundliche und bedrohliche Prozedur wieder über uns ergehen lassen zu müssen."

Alexander, du hast die Angelegenheiten mit dem BAMF und der Ausländerbehörde weiterverfolgt, was war noch zu erledigen?

„Nach Erhalt gültiger syrischer Pässe ging es jetzt um die Anerkennung als politische Flüchtlinge. Amal und die Kinder stellten im April 2020 Anträge auf Asyl beim BAMF. Wir erhielten im Juli 2020 einen Termin zur Anhörung beim BAMF in Frankfurt/Oder. Gemeinsam mit Amal und den Kindern fuhr ich dorthin. Ich werde nicht vergessen, wie unfreundlich der Empfang war. Trotz Vollmacht wurde ich als angeblich Nichtbeteiligter barsch abgewiesen. Nur Amal und die Kinder wurden zum Bearbeiter vorgelassen und befragt.

Im November 2020 erhielten wir den Bescheid für die Kinder. Als Minderjährige erhielten sie den gleichen Status wie der Vater und im Dezember von der Ausländerbehörde die Flüchtlingsausweise. Amal, die Mutter, erhielt kein Asyl, sondern nur den subsidiären Schutzstatus. Dieser beinhaltet eine vorläufige Aufenthalts- und Arbeitserlaubnis bis zum Juli 2025. Dies gilt als Identitätsnachweis, sodass sie bis 2025 den syrischen Pass nicht verlängern muss. Damit kann sie aber z. B. nicht ins Ausland reisen. Das BAMF stellte zur Begründung der Ablehnung fest, dass sie ‚keine drohende oder bereits erlittene Verfolgung in Syrien glaubhaft machen konnte'. Die Entscheidung löste bei allen Beteiligten Kopfschütteln über die Realitätsferne der Angestellten des BAMF aus und legt nahe, dass das Amt eine restriktive Einwanderungspolitik verfolgt.

Gegen diesen Bescheid habe ich für Amal Klage beim Verwaltungsgericht in Potsdam eingelegt. Die wiederholten aktiven körperlichen Bedrohungen und sexuellen Belästigungen von Amal und den Kindern durch bewaffnete Sicherheitskräfte wurden vor Gericht schriftlich und mündlich vorgetragen. Trotz glaubhafter Darlegungen vor der Richterin, die für Amal eine massive psychische Belastung darstellten, konnte das Gericht ‚nicht zu der vollen Überzeugung gelangen, dass zum Zeitpunkt der Ausreise im Mai 2014 (noch) eine begründete Furcht vor Verfolgung bestanden hat' und wies die Klage ab. Unglaublich! Amal ist nun zunächst an die jetzt bis Juli 2025 verlängerte Aufenthaltserlaubnis gebunden."

Im November 2023 haben Ahmad und die Kinder bei der Ausländerbehörde die Einbürgerungsurkunden und deutschen Pässe erhalten. Die Voraussetzungen hierfür lagen nun vor: Aufenthaltserlaubnis seit fünf Jahren, kein Widerrufsverfahren beim BAMF anhängig, hinreichende Kenntnisse der deutschen Sprache und Integrationskurs absolviert, Sicherung des Lebensunterhaltes und ausreichender Wohnraum. Auf die Voraussetzung, bereits fünf Jahre in die Sozialkassen eingezahlt zu haben, wird für Asylberechtigte und anerkannte Flüchtlinge verzichtet.

Die Ausländerbehörde prüft derzeit, ob auch Amal im Laufe dieses Jahres eingebürgert werden kann. Amal hat nach den Gesprächen mit der Behörde ein gutes Gefühl.

Die Beschäftigung mit dem komplexen Ausländerrecht und der Kommunikation mit den Behörden verlangen Zeit, Engagement und Geduld. Ich frage mich, wie sollen Flüchtlinge mit geringen deutschen Sprachkenntnissen ohne die Hilfe Dritter durch den Dschungel von Gesetzen und Behörden hindurchblicken. Es gibt zwar zahlreiche private oder öffentliche Organisationen, die Migranten hierbei unterstützen. Aber auch die muss man erstmal kennen. Migranten sollen Zugang zu allen wichtigen Bereichen von Gesellschaft, Wirtschaft und Politik haben. Dafür müssen bestehende Barrieren erkannt und abgebaut werden. Es fehlt immer noch eine bundes- und länderübergreifende Migrations-/Integrationsstrategie. Viel wäre schon getan, wenn die Bundes- und Landesbehörden, allen voran das BAMF und die Ausländerbehörden, besser zusammenarbeiten würden und einheitliche Datensätze der Flüchtlinge hätten. Das würde so viel vereinfachen und schließlich auch Missbrauch verhindern.

Aber eins ist klar: Hilfe ist eine Freude für beide, dem Helfenden und dem Geholfenen – und nicht nur, wenn der Erfolg eintritt, sondern, weil man aktiv teilnimmt.

Die Motivatorin im Unterstützernetzwerk

Ahmad, was hat Marie noch für euch getan?

„Irgendwie schaffte es Marie, immer wieder neue Leute zu motivieren, uns zu helfen. Sie stellte ein ganzes Team von Helfern zusammen, die uns mit Haushaltsgegenständen ausstatteten, den Kindern Nachhilfe gaben und uns mit den Behördenschreiben halfen. Einiges erledigte Marie aber selbst.

Beispielsweise meldete Marie meine Kinder in einer privaten Nachhilfeinstitution an, die Kosten wurden vom Jobcenter übernommen. Dort lernten sie in einer Kleingruppe Deutsch und Mathematik.

Marie brachte meiner Frau das Radfahren bei, das war sehr spaßig. Eines Tages brachte sie ihr ein Fahrrad vorbei, an das zwei Stützräder montiert waren. So übte Amal möglichst im Wald, wo sie keiner sah. Sie stellte sich zunächst etwas ungeschickt an, aber bald lernte sie es doch und so kann sie heute Rad fahren.

In Berlin fand zu Weihnachten eine große Zirkusvorstellung statt. Marie, ihr Mann Robert und ihre Tochter wollten die Zirkusvorstellung besuchen und luden unsere ganze Familie ein, sie zu begleiten. Das war für uns alle ein weiteres tolles Erlebnis.

Wir brauchten Marie gar nicht um Hilfe zu bitten, sie schien kommende Probleme bereits vorherzusehen und manchmal entschied sie einfach für uns, was zu tun war, und dafür sind wir ihr bis heute sehr dankbar."

Marie, wir haben jetzt schon viel von dir gehört. Wie hast du es geschafft, eine solch immense Unterstützung zusammen mit deinem Mann und vielen Freunden und Bekannten auf die Beine zu stellen, und was war deine Motivation dafür? Den folgenden Text gab mir Marie schriftlich, so dass dieser ihren Schreibstil repräsentiert.

„Ich lebte mit meiner Familie über zwei Jahre in Kairo. Dort habe ich meinen Alltag mit Arabisch bestritten und wünschte mir, die so wunderschöne wie hochkomplexe arabische Sprache zu lernen, um sie besser zu verstehen, zu sprechen, zu schreiben und zu lesen. Deshalb studierte ich ab 2014 Arabistik und Islamwissenschaft an der Uni Leipzig.

Eines Nachmittags konnte ich nicht widerstehen und sprach die an unserem Haus vorübergehende Familie auf Arabisch an. Da ahnte ich weder, wo, wie, zu wievielt und seit wann die Familie in unserer nahen Nachbarschaft wohnte. Doch bereits bei den ersten Besuchen, zu denen ich in ihre karge Wohnung eingeladen war, stellte sich blitzartig heraus, dass diese herzlich-freundliche Familie mit dem damals noch minimalen Deutsch und ohne jede helfende Hand an dem Leben hier zu scheitern drohte. Da ich selber allerdings neben meinem Beruf, dem Studium und der eigenen Familie keine

Allzeit-24/7-Ansprechbarkeit und Unterstützung in meine Tage einbauen konnte, um so umfassend wie dringend nötig zu helfen, warb ich bei Freunden um die Bereitschaft, dieser Familie zu helfen. Ich sprach also umgehend erst eine, dann eine zweite und dritte Freundin an, mit der Bitte um gelegentliche kleine Hilfen nach eigenem Vermögen und zeitlicher Kapazität. Alsbald waren wir ein wunderbares Netzwerk von neun Männern und Frauen, die sich für die Familie einsetzten.

Ich überlegte mir, wer sich zu welcher Aufgabenübernahme zeitlich und persönlich im Stande sehen könnte, und sprach jeden einzeln individuell an. Die Aufgaben konnten sehr freiwillig, in eigener Zeiteinteilung und in eigener Gestaltung übernommen und mit meiner Einführung, falls nötig, begleitet werden. Dabei unterstützten zudem die Grundschule am Ort und die dortigen Sekretärinnen, die Fallmanagerin im Jobcenter, die Gemeindeverwaltung und der Bürgermeister sowie die damals hier gegründete Flüchtlingsinitiative auf Zuruf, hilfsbereit und großartig.

Unser Netzwerk hatte sich zu neunt kommunikativ in einer Whats-App-Gruppe vernetzt. So wusste jede und jeder von uns stets Bescheid, wer, was gerade oder demnächst tut oder auch nicht tun konnte und wer einspringt oder einen Lösungsweg sieht. Alle waren zu jeder Zeit in enger Absprache, auch untereinander, sehr gut in die Begleitung der Familie eingebunden. Wir suchten in regelmäßigen Abständen Termine für unsere ‚Netzwerk-Teammeetings‘, dabei wurden die Termine so lange hin- und hergeschoben, bis dann schließlich alle daran teilnehmen konnten, um das gemeinsam Abgesprochene gut und tatsächlich gut verbunden gemeinsam zu beratschlagen und dann auch durchführen zu können. Gemeinsam sind wir alle mit der Familie stolpernd in die Aufgaben hineingewachsen. Die Familie hat uns ihrerseits mit ihrer herzlichen Fröhlichkeit, ihrer Gastfreundschaft, ihrer Tapferkeit und ihrer Kreativität begeistert und mitgenommen. Wir alle wollten, dass diese Familie hier sicher und gut leben kann. Dafür haben wir uns alle mit Augenmaß und zugewandt eingesetzt. Es war ein gelungenes

Füreinander, was uns alle mit der Familie Al Said und miteinander bis heute glücklich und stolz verbindet.

Ich sehe und höre, dass die Familie in sehr vielen Bereichen des hiesigen Lebens angekommen ist. Beide, Mutter und Vater, sind angestellte Mitarbeiter in Einrichtungen, in denen sie nah mit Menschen arbeiten und ihrerseits anderen Menschen helfen. Beide haben sich für diese Berufe entschieden, sich beworben und schließlich eine Einstellungszusage bekommen. Beide tragen auf diese Weise einen wichtigen Teil zu unserem guten Zusammenleben in diesem Land bei. Sie selber empfinden das als wertvoll, dass sie das, was ihnen hier nach ihrer Flucht so vielfältig Gutes getan wurde, durch ihren Einsatz nun zurückgeben können. Auch sind alle Kinder sehr motiviert, beste Leistungen in Schule und Sport zu erbringen. Sie möchten später eine gut bezahlte Arbeit haben, mit der sie auch ihren Eltern helfen können, gut zu leben, weil sie dankbar auf die Lebensleistung ihrer Eltern schauen, die Heimat und die geliebte Großfamilie verließen, um sie, ihre Kinder, zu beschützen und vor Hunger und Krieg zu retten.

Für das Gelingen der Integration sind viele zugewandte und offene Menschen notwendig, sowohl in Ämtern, Schulen, Behörden, Betrieben als auch in der Nachbarschaft und in der Gesellschaft, die sich mit klarem Blick, unideologisch und mit Empathie den Hürden und Aufgaben im Interesse der angekommenen Menschen stellen können und wollen. Je engmaschiger und vertrauensschaffender der Einsatz in der ersten Phase des Ankommens in stabiler Begleitung stattfindet, desto besser kann es gelingen, die Menschen hier aufzunehmen. Wenn nämlich die Familien viele Situationen gemeinsam und geschützt in Begleitung von Unterstützern erlebt haben, wissen sie beim nächsten Mal, was sie erwartet, und trauen sich dann selbst, auch ohne Begleitung, ihre Angelegenheiten zu erledigen; damit fühlen sie sich ermutigt."

Corona, eine neue Hürde

Ahmad, Anfang 2020 kam ja die Corona-Pandemie, das war ja eine besondere Herausforderung für alle Bürger in Deutschland, aber für euch als große Familie natürlich ganz besonders.

„Ja, es war schon eine sehr spezielle Zeit. Meine Kinder waren vom Frühjahr bis Herbst zu Hause; Online-Learning war das große Thema. Aber wie in allen Familien klappte es nicht so richtig, oft war das Internet unterbrochen oder manchmal verabschiedeten sich meine Kinder von der Leitung zur Lehrerin, wenn sie keine Lust hatten. Aber ich sah sie oft bei den Hausaufgaben.

Wir durften Spaziergänge machen, aber uns mit den Nachbarn nur draußen treffen. Da entstanden schon mal komische Situationen. Während eines Spazierganges im Wald setzten wir uns auf eine Bank, um das mitgebrachte Essen zu verspeisen. Gleich mehrere Passanten kamen auf uns zu und ermahnten uns, dass es nicht erlaubt sei, mit anderen Familien und Freunden zusammen auf einer Bank zu sitzen. Sie wollten nicht verstehen, dass wir mit acht Personen eine Familie waren.

Sehr bald kam das Impfthema auf uns zu, dem ich sehr skeptisch gegenüberstand. Denn ich hörte, dass der Sohn eines Freundes meines Bruders in Jordanien nach der Corona-Impfung mit nur 18 Jahren verstarb. Aber ich musste mich impfen lassen, denn sonst hätte ich meine Arbeit im Pflegeheim verloren. Zudem mussten wir mit Masken arbeiten, das war besonders in der Sommerhitze unglaublich anstrengend und lästig."

Amal, wie hast du denn die Corona-Zeit empfunden?

„Zu dieser Zeit war ich ja noch nicht berufstätig und ging daher fast nicht aus dem Haus. Ich erzählte Marie von meinem Nähkurs im Libanon und da hatte sie gleich eine Idee. Ich könnte ja Masken nähen für die Schule, das Pflegeheim und ihre Familie und Bekannten. So

kamen in enger Folge Bestellaufträge zu mir. Ich glaube, ich nähte über 1.000 Masken, die Gummis zur Befestigung steuerte Marie bei und so trugen unzählige Schüler, Pfleger und Bewohner des Pflegeheims die Masken, die ich genäht hatte. Während des Ramadans nähte ich manchmal bis zum frühen Morgen. Zum Dank schenkte mir Marie eine kleine Dokumentation des E-Mail-Verkehrs mit zahlreichen Bildern der von mir gefertigten Masken und deren Trägern.

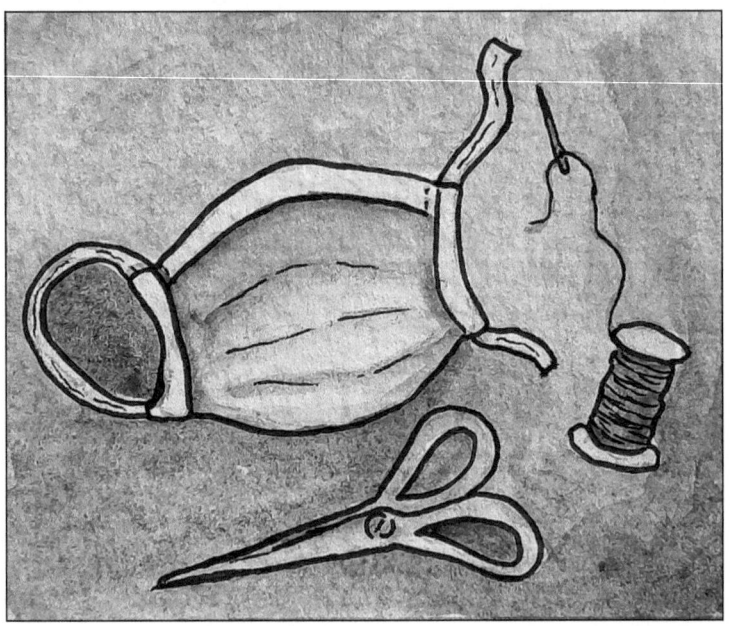

Während dieser Zeit stellte die Flüchtlingsinitiative ein internationales Kochbuch zusammen, an dem ich mit der Vorstellung einer syrischen Speise ‚Shish Barak' mitwirkte. Die Leiterin, Frieda, kam zu mir in unsere Wohnung zusammen mit einem Fotografen. Ich bereitete für beide die syrische Speise, die sie kosteten und fotografierten. Dann gab ich ihnen das Rezept. Als das Kochbuch fertig war, bekam ich ein Exemplar geschenkt. Ich koche jetzt auch schon mal Gerichte der anderen Familien, die ihre Rezepte für das Buch zur Verfügung gestellt haben. Das Kochbuch ist eine sehr schöne Idee, um die Kochkünste

aller zu erweitern und etwas für den sozialen Zusammenhalt in der Gemeinde zu tun."

Ahmad, wie seid ihr mit der finanziellen Situation umgegangen, denn sechs Kinder zu verpflegen und die Haushaltskosten zu bewältigen, ist ja nicht einfach?

„Bei den laufenden Kosten kommen wir so gerade über die Runden, aber wenn außergewöhnliche Kosten anstehen, dann wird es eng. Im Jahre 2020 wollten wir uns endlich ein Auto kaufen, denn die Fahrtkosten mit der BVG waren hoch und wir wollten auch mal einen Familienausflug machen. Doch einige Tausend Euros für einen guten Gebrauchtwagen auszugeben, das war nicht drin. Glücklicherweise hatte ich einen guten Freund, der auch aus Syrien stammte und der schon länger in Berlin lebte. Ich erzählte ihm von meinem Vorhaben. Er sagte mir spontan, dass er mir Geld leihen würde ohne Zinsen und ohne Rückzahlungsverpflichtungen. Ich habe im Internet geschaut und einen Toyota Corolla mit sieben Sitzen gesehen, der in Hannover angeboten wurde. Mit meinem Freund bin ich dorthin gefahren, wir haben hart verhandelt und das Auto, Baujahr 2008, für einen guten Preis gekauft. Da ich eines Tages von meiner Arbeitsstelle eine Bonuszahlung erhielt und wir uns bei den laufenden Kosten noch weiter einschränkten, konnte ich meinem Freund das geliehene Geld bereits zurückzahlen."

Und zu allem Überfluss hattest du dich bei der Arbeit verletzt. Was geschah da?

„Eines Tages bekam ich fürchterliche Knieschmerzen. Die schwere Arbeit mit vielen Hebeaktionen im Pflegeheim war plötzlich nicht mehr möglich. Mein Nachbar Peter ging mit mir zum Orthopäden, der nach einer MRT-Untersuchung einen Meniskusschaden feststellte. Ich musste operiert werden. Ich hatte panische Angst davor, dass ich meine Arbeit im Pflegeheim nicht mehr fortsetzen konnte, und wie sollte ich dann meine Familie ernähren? Doch Peter beruhigte mich, er begleitete mich ins Krankenhaus. Ich wurde operiert, nach zwei Tagen konnte ich be-

reits wieder laufen und nach einer Zeit der Schonung konnte ich auch meine Arbeit wieder fortsetzen. Ich habe noch manchmal Schmerzen im Knie, aber es ist viel besser als vorher, da bin ich sehr froh und Peter sehr dankbar für die Hilfe in dieser schwierigen Zeit."

Amal, hattest du nicht auch Interesse, eine Arbeit anzunehmen?

„Ja, aber in der Corona-Zeit war es schwierig. Wir merkten, dass das Geld immer knapp war. So entschloss ich mich – ich muss aber zugeben, auf Anregung von Marie, denn alleine wäre ich zu schüchtern gewesen –, im Jahr 2022 mich um eine Arbeitsstelle zu bemühen, was nicht einfach war. Ich hatte die Sorge, dass meine Sprachkenntnisse trotz bestandener B1-Prüfung nicht reichten, aber Marie machte mir Mut. Dank ihrer Vermittlung sprach ich Anfang 2023 im Sekretariat der Grundschule vor, denn die Grundschule suchte Unterstützung für die Essensausgabe in der Schulmensa. Ich hatte Glück und wurde eingestellt. Seit April 2023 arbeitete ich dort 20 Stunden pro Woche, jeden Tag zwischen 10.00 und 14.00 Uhr, auch in den Schulferien, denn an die Schule ist ja ein Hort angeschlossen, der die Kinder, die nicht in die Ferien fahren, betreut. Ich arbeite an unterschiedlichen Stationen, sodass ich etwas Abwechslung habe. Die Kollegen sind ausgesprochen nett; Erfahrung mit Kindern habe ich ja. Es macht mir wirklich Spaß. Wenn Ahmad Frühdienst hat, holt er mich ab und wir gehen gemeinsam nach Hause. Er hat immer Sorge, dass ich meine Arbeit und die Führung des großen Haushaltes nicht schaffe, aber die Sorge ist unbegründet."

Weiterführende Schulen

Zwischenzeitlich sind Osman, Jamila, Jasmin und Halima in den weiterführenden Schulen und Lina hat die Schulzeit bereits beendet.

Osman, wie ging es denn bei dir mit der Schule weiter?

„Im Sommer 2019 war die Grundschulzeit beendet. Meine Wunsch-schule war die örtliche Gesamtschule, um mir die Möglichkeit offen zu halten, einmal das Abitur zu absolvieren. Aber das Schulamt ver-wies mich an eine Oberschule ganz weit weg von unserem Wohnort. Wie sollte ich jeden Tag den langen Schulweg bewältigen? Doch auch hier half Robert, er legte Widerspruch ein und nach langem Hin und Her wurde mir ein Schulplatz an einer näher gelegenen Oberschule zugewiesen.

Meine Freunde gingen alle entweder aufs Gymnasium oder auf die Gesamtschule. Darüber war ich sehr traurig, aber wenigstens war der Schulweg kürzer als bei der ursprünglich mir zugewiesenen Schule. Auch meine Schwester Lina ging mit mir in die gleiche Schule. Auch wenn die Lehrer sich sehr viel Mühe gaben, das Niveau in der Schule war niedrig und die Lautstärke in den Klassen war mit der Lautstär-ke einer Bahnhofshalle vergleichbar; die meisten Schüler verhielten sich respektlos gegenüber den Lehrkräften. Ich beteiligte mich als einer der wenigen am Unterricht und fragte oft nach meinem Leis-tungsstand. Das machte sonst keiner und so bekam ich immer gute und sehr gute Noten.

Ich fühlte mich selbst als Ausländer unterfordert, denn ich wollte mehr lernen. Meine Freunde erzählten mir von dem in der Nähe gelegenen privaten Gymnasium, da wollte ich doch eigentlich hin.

Eines Tages, im zweiten Halbjahr der 8. Klasse, habe ich mich ent-schlossen, mich einfach mal dort zu bewerben, vielleicht gibt es ja doch eine Möglichkeit für mich. Ich bekam eine Antwort, in der es hieß, dass momentan kein Platz für mich vorhanden sei, aber ich auf eine Warteliste käme. Anfang der 9. Klasse fragte ich noch mal nach und füllte das Bewerbungsformular nochmals aus und siehe da, ich wurde zu einem Vorstellungsgespräch beim dortigen Schul-leiter eingeladen. Ich war mächtig nervös, aber der Schulleiter war sehr nett, fragte mich nach meiner Motivation, meinen Lieblings-fächern und meinen Berufswünschen. Bereits nach einer Woche erhielt ich eine Rückantwort, ich sei aufgenommen. Da habe ich

*mich riesig gefreut, vor allem war ich stolz, weil ich das alleine ohne
Hilfe geschafft hatte.*

*Es gab aber einen Wermutstropfen. Meine Eltern mussten Schulgeld
bezahlen, denn es ist ja ein privates Gymnasium. Soll jetzt wieder
alles scheitern? Ich erzählte dies Robert, der sich darauf besann, dass
die Gemeinde zwei Stipendien pro Schuljahr vergibt. So half er mir,
mich für das Stipendium zu bewerben, und das Schicksal meinte es
gut mit mir. In der 9. Klasse war noch ein Stipendienplatz frei, sodass meine Eltern für mich keine Schulgebühren zahlen mussten."*

Wie war denn der Wechsel in das Gymnasium? Das stelle ich
mir in der neunten Klasse sehr schwer vor, denn du bist ja über
zwei Schuljahre lang auf einem ganz anderen Level unterrichtet worden.

*„Ja, das war es auch, ich konnte dem Unterricht kaum folgen, ich
verstand die Texte oft gar nicht. Es wurde viel selbstständiges Lernen verlangt und das war ich nicht gewohnt. Dafür war es ruhig in
den Klassen, es herrschte eine angenehme Lernatmosphäre, Handys
waren im Unterricht verboten. Meine Mitschüler halfen mir über die
ersten Wochen, auch die Lehrer waren sehr verständnisvoll.*

*Ein besonderes Problem war ja noch die zweite Fremdsprache, die
ich in der Oberschule nicht belegen musste. Da fast alle Schüler
Spanisch als zweite Fremdsprache hatten, ging ich einfach mit in
die Spanisch-Klasse. In der ersten Stunde sprach mich die Spanisch-Lehrerin auf Spanisch an, denn sie dachte, ich sei wegen
meines südländischen Aussehens ein Spanier oder ein Südame-
rikaner. Ich verstand natürlich gar nix und das Missverständnis
klärte sich schnell auf. Wie sollte ich zweieinhalb Jahre Spanisch
nachholen? Doch da hatte die Spanisch-Lehrerin eine Idee. Ich
könne doch gut Arabisch, warum sollte nicht Arabisch als zweite
Fremdsprache anerkannt werden. So schrieb die Schule einen Brief
an das zuständige Schulamt. Einige Wochen später wurde ich zu
einer Prüfung eingeladen. Mit meiner Mutter übte ich noch, Ara-*

bisch zu schreiben, denn das konnte ich trotz des Besuches einer Grundschule im Libanon nur sehr schlecht. Ich kam zur Prüfung und absolvierte alle vier Teile: Lesen, Schreiben, Hörverstehen und Sprechen irgendwie. Ich bekam nie ein Ergebnis mitgeteilt, doch mein Arabisch wurde als zweite Fremdsprache anerkannt, auch wenn ich ein schlechtes Gefühl hatte; ich musste also den Test irgendwie bestanden haben.

Jetzt bin ich mittlerweile in der 11. Klasse und schlage mich weiter durch. In einigen Fächern habe ich nach wie vor Schwierigkeiten, weil mir der deutsche Bildungshintergrund fehlt, den viele meiner Mitschüler durch das Elternhaus mitbekommen haben. Aber ich möchte nach wie vor das Abitur schaffen."

Jamila, wie war für dich der Wechsel in die weiterführende Schule?

„Ich habe mir in der Grundschule viel Mühe gegeben, denn ich wollte auf das Gymnasium. Dennoch schaffte ich nur den Notendurchschnitt 8 (Englisch, Deutsch und Mathe zusammengerechnet), sodass ich nicht auf das Gymnasium konnte, aber eine Gesamtschule nahm mich auf. Wie für alle anderen Schüler bedeutete dies für mich eine große Umstellung. Ich musste alleine, ohne meine Geschwister mit dem Bus fahren. In unserer Klasse gab es nur vier Mädchen, sonst alles Jungs. Ich trug ja jetzt, wie in der arabischen Kultur üblich, ein Kopftuch. Einige Kinder fragten mich, warum ich ein Kopftuch trage, sie wollten, dass ich es abnehme, denn das war für sie fremd, aber ich blieb standhaft, denn ich stand zu meiner Kultur und irgendwann haben sich alle Kinder daran gewöhnt und heute fragt keiner mehr danach.

Jetzt bin ich in der 9. Klasse und habe durchweg gute bis sehr gute Noten. Ich würde mich selbst als fleißige Schülerin bezeichnen, denn ich möchte unbedingt ein gutes Abitur machen, denn mein Berufswunsch ist Ärztin. Ich habe in Syrien so viel Leid gesehen, das hat sich tief in mein Gedächtnis eingegraben. Daher möchte ich anderen Menschen, die verletzt oder krank sind, helfen. Ich hoffe sehr, dass ich diesen Berufswunsch auch verwirklichen kann."

Der Wechsel von Jasmin und Halima in die weiterführende Schule verlief nicht problemlos. Für beide war die Gesamtschule, die bereits Jamila besuchte, natürlich die gewünschte Schule. Jasmin wurde dort gleich aufgenommen, Halima aber nicht, weil sie etwas schlechtere Noten hatte. Halima wurde an eine Oberschule verwiesen, die weit weg lag. Sie hätte allein mit dem Bus fahren müssen und dazu noch einen längeren Fußweg gehabt. Das war untragbar. Da ich die beiden Mädchen gut kannte, habe ich geholfen und gleich Widerspruch eingelegt. Nach Gesprächen mit der Schulleitung sowie dem Schulamt und nachdem Doppelanmeldungen herausgefiltert wurden, klappte es doch noch für Halima mit der Gesamtschule, sodass beide Mädchen jetzt die gleiche Schule besuchen.

Jasmin, wie war für euch der Übergang in die Gesamtschule?

„Es war leichter als erwartet; wir wurden gleich in die Klassengemeinschaft integriert. Es war eine große Schule und wir haben uns daher öfter verlaufen, aber das ging den anderen Kindern genauso. Als Schülerinnen moslemischen Glaubens tragen wir ab der 7. Klasse ein Kopftuch, aber niemand hat daran Anstoß genommen, bis jetzt wurden wir nie dafür gehänselt. Das freut uns, dass die Lehrer und Schüler sich mittlerweile an unsere Kultur gewöhnt haben. Die Noten sind so gut, dass wir beide die E-Kurse (erweiterte Kurse) belegen, die uns, wenn wir diese bestehen, berechtigen, auch die Oberstufe zu besuchen, um das Abitur zu absolvieren."

Lina, wie hast du deine Schulzeit in Erinnerung?

„Ich habe natürlich ähnliche Erlebnisse gehabt wie mein Bruder, wir waren ja in der Grundschule und der Oberschule in der gleichen Klasse. Es gab aber einen wesentlichen Unterschied. Anders als meine Geschwister habe ich mich weder in der Grundschule noch in der weiterführenden Schule richtig wohlgefühlt. Meine Noten waren zwar einigermaßen gut, ich war auch fleißig, aber ich hatte keine Freundinnen. In der Oberschule gingen wir alle respektlos miteinander um. Zickig und frech sein war cool. Ehrlich gesagt, ich habe

die Schule gehasst. So hatte ich auch keine Ambitionen, die Schule unnötig zu verlängern. Ich absolvierte die weiterführende Schule bis zur 9. Klasse, die ich auch bestand, und dann kam ja alles ganz anders als erwartet."

Eine Hochzeit nach syrischer Tradition

Lina, was war das denn für ein Ereignis, das dein Leben so veränderte?

„Eines Tages besuchte uns ein junger Syrer, der wenige Jahre älter war als ich. Er war der Sohn des besten Freundes meines Vaters. Wie bei uns üblich, schaute ich ihm gar nicht in die Augen, denn er war ja ein mir unbekannter fremder Mann. Ich sprach nicht mit ihm und hielt großen Abstand. Doch er kam öfter zu uns, denn er war der Einzige seiner Familie, der die Flucht nach Deutschland wagte und schaffte. Unsere Familie war also der einzige Vertrauenspunkt für ihn. Wir unternahmen Spaziergänge und ich merkte, dass er mich mochte und ich mochte ihn auch. Mein Vater sorgte aber stets dafür, dass gebührend Abstand gehalten wurde. Oft war Mohamed dabei, ich habe das so interpretiert, dass Mohamed von meinen Eltern als Aufpasser arrangiert wurde.

Dann kam die Wende: Sein Vater fragte über meinen Vater, ob sein Sohn sich mit mir verloben dürfe. Das hat mich sehr gefreut, denn ich war schon etwas verliebt in ihn und fühlte mich noch mehr als wirkliche Frau, weil sich jemand mit mir verloben wollte. Ich bejahte und mein Verlobter schenkte mir einen Verlobungsring.

Doch dann gingen die Probleme erst richtig los: Meine Lehrerin bemerkte an meinem Finger den Verlobungsring: Sie erschrak und informierte das Jugendamt. Dann bekamen meine Eltern unangenehme Post. Meine Eltern und ich mussten zum Jugendamt und wir saßen drei Frauen gegenüber, die versuchten, mich davon zu überzeugen, nicht so früh zu heiraten. Sie erklärten uns, dass es nach deutschem Recht verboten sei, als Minderjährige zu heiraten; ich war zu dem Zeitpunkt erst 17 Jahre alt. Die Frauen vermuteten eine arrangierte Ehe, was ich vehement verneinte, denn ich war mit meinem Verlobten doch so glücklich. Ich war sehr verärgert darüber, dass sich das Jugendamt so sehr in meine Privatangelegenheiten einmischte, ich war doch glücklich, also hatte das Jugendamt doch kein Recht, mir mein Glück zu nehmen.

Ich absolvierte noch das 9. Schuljahr, dann wollte ich heiraten. Da dies nach deutschem Recht nicht möglich war, haben wir eine islamische Hochzeit vorbereitet. Wir besorgten uns alle notwendigen Papiere und fanden einen Imam, der unsere Ehe segnete. Der Imam fragte zunächst meinen Vater, ob er mit der Heirat seiner Tochter einverstanden wäre, dann den Vater meines Verlobten, dann meinen Verlobten und dann erst mich, so wie das nach unserer Tradition üblich war. Aber natürlich haben meine Eltern mit mir im Vorhinein besprochen, ob ich meinen Verlobten auch wirklich heiraten wollte.

Ich trug ein wunderschönes weißes Hochzeitskleid und ein weißes Kopftuch. Wir feierten in einem Restaurant ausgiebig unsere Hochzeit. Es war eine für syrische Verhältnisse sehr kleine Feier. Nur meine Familie und zwei Freunde meines Mannes waren dabei. Alle waren total schick angezogen. Selbst mein kleiner Bruder Mohamed trug einen Anzug mit Krawatte.

Am 1. Juli 2022 zogen wir in eine kleine Zweizimmerwohnung in einer anderen Stadt, dort, wo mein Mann arbeitete.

Wir wollten auch standesamtlich heiraten, mittlerweile war ich ja 18 Jahre alt. Da mein Reisepass kurz vor dem Ablaufdatum stand, musste es schnell gehen. In meinem Wohnort hätte die standesamtliche Trauung noch lange gedauert, weil das Standesamt überlastet war. In anderen Standesämtern war es ähnlich. So fanden wir im Internet eine Möglichkeit, in Dänemark zu heiraten. Ich reiste mit meinem Mann und meinem Bruder Osman nach Alborg, denn dort ging es besonders schnell. So konnten wir die Ehe am 01. August 2023 schließen. Nach zwei Stunden war alles vorbei. Die Heiratsurkunde wurde auf Englisch abgefasst, sodass diese auch international anerkannt wurde. Den Aufenthalt in Alborg haben wir noch mit einem kleinen Urlaub verbunden."

Ahmad, wie empfandest du denn, dass deine Tochter so früh heiratete?

„In Syrien ist es ja üblich, dass Mädchen früh heiraten, dennoch war ich zunächst dagegen, denn ich kannte ja mittlerweile die deutsche Gesellschaft ganz gut. Ich weiß, dass eine solch frühe Heirat unüblich ist, dagegen Bildung und Ausbildung sehr wichtig sind. Daher bat ich meine Tochter um mehr Geduld. Ich wollte, dass sie die Schule bis zur 10. Klasse in unserem Ort beendete und eine Ausbildung zumindest anfing. Aber meine Tochter ließ sich von ihrem Vorhaben nicht abbringen, sie wollte ausziehen und eine eigene Familie gründen."

Und Amal, was kannst du dazu sagen?

„Ich hatte mehr Verständnis für meine Tochter, wir leben in sehr beengten Verhältnissen; sie wollte ausziehen und sie war in ihren Verlobten wirklich sehr verliebt. Diese Gefühle sind stark und mein Schwiegersohn versprach uns, dafür zu sorgen, dass Lina die 10. Klasse in einer Schule in seinem Wohnort absolvieren wird. So wirkte ich beruhigend auf meinen Mann ein und bat ihn, der Hochzeit zuzustimmen, was er dann auch tat."

Elisabeth, du warst als gute Freundin der Familie auf dem Junggesellinnenabschied eingeladen, der in dem kleinen Häuschen stattfand. Wie waren deine Eindrücke?

„Das war ein ganz besonderes Erlebnis für mich und ich habe eigentlich die ganze Zeit nur gestaunt. Als ich die Wohnung betrat, war das Wohnzimmer umgebaut; ich sah ein Podest umhüllt mit einer goldfarbenen Folie, das Zimmer war geschmückt mit weiß-roten Luftbal-

lons, roten Herzen und bunten Girlanden. Nach und nach kamen die Gäste, natürlich nur Frauen und Mädchen; die Männer der Familie waren für die Zeit der Feier ausquartiert. Die Frauen wurden meist von ihren Männern bis zur Tür gebracht, sie trugen lange Gewänder und Kopftuch. Sie hatten alle eine Tüte in der Hand. Mit dieser verschwanden sie im Badezimmer und tauchten ganz schick mit kurzen Kleidern wieder auf, stark geschminkt und in bester Feierlaune. Lina trug ein wunderschönes rotes Kleid, sie saß auf einem Lehnstuhl erhöht auf dem Podest und beobachtete die Szenerie. Es wurden Süßigkeiten und alkoholfreie Getränke gereicht, die Musik wurde lauter und bald tanzten alle, auch die Braut, wild in dem Zimmer umher. Als die Feier zu Ende war, verschwanden die Frauen wieder im Badezimmer und kamen mit ihren langen Gewändern und Kopftüchern heraus, da sie ja von ihren Männern abgeholt wurden. Was für eine aus unseren Augen eigenartige Prozedur. Ich war froh, dass ich diese erleben durfte, und werde diese auch nie vergessen."*

Lina, hast du denn die Schule weiterbesucht und dich um eine Ausbildungsstelle bemüht?

„In dem neuen Wohnort besuchte ich die 10. Klasse, die ich mit dem mittleren Schulabschluss absolvierte. Während der Schulzeit arbeitete ich bereits als Praktikantin in einer Zahnarztpraxis und wollte in dieser Praxis auch eine Ausbildung beginnen. Ich hatte schon einen Vertrag mit Beginn am 01. August 2023 in der Tasche, aber kurz vor dem Beginn meiner Arbeit löste die Zahnarztpraxis das Ausbildungsverhältnis auf. Begründet wurde dies mit meiner angeblichen ‚Unzuverlässigkeit'."

Wie das?

„Das Praktikum war schon zu Ende und die Ausbildung hatte noch nicht begonnen. Dennoch arbeitete ich an einigen Tagen freiwillig und ohne Bezahlung in der Zahnarztpraxis, weil Unterstützung dringend erforderlich war. Einmal habe ich dem Wunsch, in die Praxis zu kommen, nicht entsprochen, denn es war das Zuckerfest am Ende des

Ramadans, das bei uns der höchste Feiertag ist. Daraufhin hob die Zahnarztpraxis meinen Ausbildungsvertrag auf. Das empfand ich als sehr unfair. Da ich so schnell keine neue Ausbildungsstelle fand, muss ich jetzt ein Jahr warten und mich mit Hilfsjobs begnügen."

Lina sorgte zwischenzeitlich für Familiennachwuchs. Als erstes Kind in der nächsten Generation ist am 20. Juli 2024 Arslan geboren. Wie es die Tradition vorsieht, wurden die dünnen Haare des kleinen Jungen abgeschnitten und gewogen. So viel Gramm die Haare auf die Waage bringen, so viel Gold wurde gekauft. Das Gold wurde in Geld getauscht und an arme Verwandte in Syrien gespendet. Auch eine weitere Tradition wurde befolgt: Der Urgroßvater des kleinen Jungen, der noch eine Schafherde betreibt, schlachtete ein Schaf und schenkte das Fleisch armen Nachbarn. Die ganze Familie ist überglücklich angesichts des Nachwuchses und hofft auf weiteren Zuwachs in dieser großen Familie.

Ersehntes Wiedersehen mit den Brüdern

Peter, du hast ja mit Ahmad und Osman im Sommer des Jahres 2023 eine Reise nach Jordanien unternommen, welche Eindrücke hast du von dieser Reise mitgebracht?

„Diese Reise hat mich sehr beeindruckt. Ahmad hat mir so viel von seinem früheren Leben erzählt, sodass ich gerne mit ihm für zehn Tage nach Jordanien gereist bin. Ahmad wollte ja seine Brüder nach zehn Jahren wiedersehen. Sein jüngerer Bruder lebt mit seinen sechs Kindern in Amman, sein älterer Bruder mit seinen zehn Kindern in Damaskus. Dieser Bruder reiste extra nach Amman, denn Ahmad konnte ja nicht in seine Heimat reisen, weil er dort verfolgt wurde.

So flogen wir zusammen mit Osman mit einem Billigflieger über Athen nach Amman. Was für uns unvorstellbar ist, der Chef seines Bruders, der eine Produktionsstätte für Tabak in Amman besitzt, bezahlte sogar die Flugtickets für den Bruder seines Mitarbeiters und seinen Sohn, also für Ahmad und Osman, einfach so, als ob dies eine Selbstverständlichkeit sei.

Der Chef persönlich holte uns mit seinem Auto vom Flughafen ab. Das Wiedersehen war natürlich überwältigend, die Brüder lagen sich lange in den Armen, selbst mir kamen die Tränen bei dieser emotionalen Begrüßung. Der Familienzusammenhalt hat in Syrien eine ganz andere Bedeutung als bei uns.

In den Tagen des Wiedersehens wurde natürlich viel geplaudert, es kamen auch Nachbarn und Mitarbeiter der Firma dazu; es war kaum zu unterscheiden, ob gerade über Familienangelegenheiten oder das Geschäft gesprochen wurde. Ich hatte den Eindruck, dass die Firma, die Familie und die Nachbarschaft eigentlich alles ein einziger inniger Freundeskreis war. Die Frauen unterhielten sich aber stets getrennt in ihren Runden. Ich durfte in einem Zimmer des Bruders schlafen; mir wurde als ‚Ehrengast' das Bett des Bruders zugeteilt, während die anderen Männer alle auf dem Boden im Wohnzimmer schliefen. Aber an ausgiebigen Schlaf war nicht zu denken, manchmal kamen bis spät in die Nacht noch unangemeldet Freunde oder Nachbarn und selbstverständlich wurde auch mit diesen geplaudert. Die Gastfreundschaft war wirklich überwältigend.

In den kühleren Abendstunden unternahmen wir auch Ausflüge in die Umgebung. Ich kann mich sehr gut an einen Ausflug auf einen Berg mit tollem Blick auf Amman erinnern. Wir stoppten unsere Autos auf einer Anhöhe, die speziell für Open-Air-Familienfeiern gedacht ist, und tanzten Dabke nach der Musik aus einem Autoradio. Das war schon ziemlich abgefahren und eine Ehre, so etwas miterleben zu dürfen.

Interessant war auch die Firma, eine familiäre Produktionsstätte für Shisha-Tabak, die ich einmal besichtigen konnte. In mehreren Wannen wurden Tabakblätter mit Wasser und Aromastoffen versetzt und zu einer braunen Tunke verrührt. Währenddessen pflegte der Chef in seinem kleinen Büro die Beziehungen zu den Geschäftspartnern, die kommen und gehen, wann sie wollen. Er gab Anweisungen an seine

Mitarbeiter und er frühstückte zwischendurch mit uns. Geldbündel wechselten den Besitzer, wie auch sonst überall in bar gezahlt wurde. Später lud uns der Chef noch zu einem Barbecue auf dem Betriebshof am Abend ein, zusammen mit seinen Mitarbeitern und deren Familien – wie bei einem Familienfest. Mit den Kindern übte ich Zählen auf Arabisch und Englisch, mehr Arabisch verstand ich nicht.

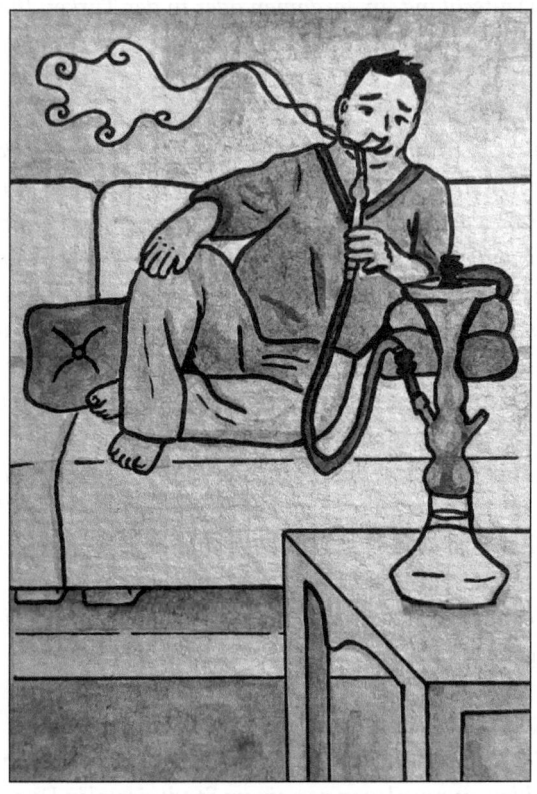

Schnell vergingen die zehn Tage, es wurden noch zahlreiche Geschenke für die große Familie in Deutschland gekauft und selbstverständlich brachte der Chef uns wieder zum Flughafen. Die Verabschiedung war natürlich wieder sehr emotional und wir hoffen alle, dass die Brüder sich in kürzeren Abständen wiedersehen können."

Syrien unter al-Assad und heute

Ahmad, was hast du von deinen Brüdern auf dieser Reise und in den vielen Telefonaten gehört? Wie ging es ihnen, wie ging es der syrischen Bevölkerung unter al-Assad?

„Viele meiner Freunde und Verwandte sind bereits ausgewandert und leben in Deutschland, in Jordanien oder in der Türkei. Ihnen allen geht es besser als den Menschen in Syrien.

Mein älterer Bruder lebt noch in Damaskus. Er besitzt ein kleines Lebensmittelgeschäft und kommt so gerade über die Runden. Der Handel trägt schon mal kuriose Züge. Ein großer Sack Zucker von 10 Kilogramm wird in kleine Säcke von je einem Kilogramm abgepackt, nur um einige syrische Pfund dazuzuverdienen. Überall gibt es diesen prekären Handel. Es gibt sehr viel Armut; auf den Straßen sieht man viele Bettler. Die Inflation ist immens. Der Staat kommt mit dem Drucken neuer Geldscheine nicht mehr hinterher. Neulich kaufte mein Bruder ein gebrauchtes Auto für etwa 10.000 €. Da der Handel nur mit den einheimischen syrischen Pfunden stattfinden kann – ein Euro entspricht 14.000 syrischen Pfund – und es keine Banküberweisungen gibt, bezahlte er mit drei Säcken voller Geldscheine. Beispielsweise verdient ein Handwerker derzeit ca. 100 € im Monat, das reicht gerade einmal, um eine Familie mit Kindern mit Lebensmitteln zu versorgen, es bleibt nichts mehr übrig für andere Ausgaben.

Es gibt Stadtviertel in Damaskus, die kontrolliert werden von Mafia-ähnlichen Banden. Beim Passieren der Checkpoints muss man Zoll bezahlen, nur weil man von einem Stadtviertel in Damaskus ins andere fahren möchte. Die Regierung toleriert alles, wahrscheinlich, weil sie mit den Banden unter einer Decke steckt. Dort wo der Bürgerkrieg tobte, gibt es noch viele Ruinen. Bautätigkeit findet fast nicht statt. Die Menschen helfen sich selbst. Wenn das Dach undicht ist, dann wird es mit der Hilfe von Freunden und Nachbarn repariert. Die Bürger geben der Regierung die Schuld an den Verhältnissen, weil sie unzählige Menschen umgebracht hat. Umgekehrt gibt die Regierung die Schuld an den schlechten Verhältnissen den Aufständischen; wenn diese nicht protestiert hätten, dann wäre Syrien heute ein wohlhabendes Land.

Im Norden in Idlib wurde trotz des im Jahre 2020 geschlossenen Waffenstillstandes noch lange gekämpft, der Krieg flammte von Zeit zu Zeit immer mal wieder auf und es gab Tote und Verletzte. Syrien hatte sich völlig verändert. Vor dem Krieg gab es wenige Reiche, eine breite Mittelschicht und wenige Arme, die aber stets genug zum Essen hatten. Heute gibt es nur noch ganz wenige Reiche und sehr viele arme und sehr arme Menschen in Syrien.

Ich bin froh, dass ich mit meiner Familie in dem sicheren Deutschland leben kann und bereue meine Flucht ganz und gar nicht."

Und heute nach dem Sturz von Assad, was hast du von deinem Bruder gehört?

„Ein völlig anderes Bild: Es herrscht Aufbruchstimmung. Plötzlich gibt es wieder Strom, fast den ganzen Tag und es gibt wieder genügend Benzin. Die Menschen beginnen, aufzuräumen und die kaputte Infrastruktur zu reparieren. Der Wert der Lira steigt, wohl weil viele Auslandssyrer beginnen, Geld ins Land zu schicken. Die Aussichten sind gut, wenngleich die Angst immer wieder mitschwingt, ob die neue Regierung wirklich für Stabilität und Wirtschaftswachstum sorgen kann."

Ein normaler Alltag in Brandenburg

Nach solch vielen wirklich spannenden Eindrücken und Geschichten von den Anfangsjahren in Deutschland möchte ich doch einmal wissen, wie denn bei euch ein ganz normaler Wochentag aussieht. Ahmad, wie würdest du diesen beschreiben?

„Ich stehe morgens bereits um 4.00 Uhr auf, so wie ich es seit meiner Kindheit gewohnt war. Das Morgengebet ist für mich sehr wichtig. Die Gebetszeiten wechseln. Wenn sie etwas später stattfinden, dann trinke ich erst einen Kaffee mit Kardamom, damit er mir besser schmeckt. Ich koche auch gleich Kaffee für die ganze Familie. Nach dem Gebet telefoniere ich regelmäßig mit meinen Geschwistern über Facetime. Wenn ich Frühdienst habe, dann gehe ich um kurz nach 6.00 Uhr aus dem Haus, denn die Arbeit beginnt um 6.30 Uhr. Im Winter fahre ich mit dem Auto, im Sommer mit dem Fahrrad. Wenn ich Spätdienst habe, dann beschäftige ich mich vormittags mit Aufräumen oder Gartenarbeit.

Amal und meine Töchter stehen so gegen 6.00 Uhr auf, meine Töchter fahren gemeinsam mit dem Fahrrad zur Bushaltestelle, wo der Schulbus sie zur Gesamtschule fährt. Mohamed folgt gegen 7.00 Uhr und Osman gegen 7.30 Uhr, die meist, ohne zu frühstücken, in die Grundschule bzw. ins Gymnasium eilen.

Amal beschäftigt sich bis zu ihrem Arbeitsbeginn mit Aufräumen und Saubermachen. Gegen 9.30 Uhr geht sie in die Schule, um ihrer Arbeit in der Mensa nachzugehen.

Bei Frühdienst hole ich Amal von ihrer Arbeit ab, wir kaufen ein und machen sonstige Erledigungen. Wenn ich zu Hause bin, ruhe ich mich etwas aus. Die Kinder kommen nach und nach aus der Schule und machen ihre Hausaufgaben sehr selbstständig. Ich muss mich nur um Mohamed kümmern, der vor lauter Fußball schon mal gerne vergisst, die Hausaufgaben zu machen.

Gegen 18.00 Uhr essen wir alle gemeinsam, wir beten gemeinsam vor und nach dem Essen. Die übrigen Gebete verrichten wir je nach Gebetskalender. Wenn es nicht zu der vorbestimmten Zeit passt, dann können wir die Gebete nachholen. Auch für meine Kinder sind die Gebete wichtig, ganz freiwillig, niemand ist gezwungen, zu beten. Abends schauen wir noch etwas Fernsehen, meist arabische Sender, derzeit läuft eine Serie über das Osmanische Reich, die uns alle fesselt. Manchmal schauen wir auch deutsche Nachrichten oder Netflix-Filme. Gegen 21.00 Uhr gehen wir alle ins Bett, die Kinder etwas später, so wie sie wollen."

VI. Angekommen in Deutschland?

Nach der erlebnisreichen Fluchtgeschichte und der Gewöhnung an ein Leben in Deutschland frage ich alle Familienmitglieder, wie sie sich in Deutschland fühlen. Wie gehen sie mit den beiden Welten um, die sie erlebt haben? Sehen sie sich eher als Syrer oder eher als Deutsche? Was schätzen sie an den beiden Welten besonders? Was wünschen sie sich für die Zukunft?

Ahmad:

„Ich fühle mich halb als Syrer und halb als Deutscher. In Deutschland schätze ich sehr die Sicherheit. Hier gibt es Gesetze, an die sich jeder hält, die staatlichen Instanzen verhalten sich fair und gesetzestreu. Der Bürgermeister ist keine Obrigkeit, der mit einer Limousine und Bodyguards umherfährt. Hier fährt der Bürgermeister mit dem Fahrrad und ist freundlich zu jeder Person in seiner Gemeinde. In Deutschland kann ich meine Meinung sagen, ohne Angst haben zu müssen, deshalb im Gefängnis zu landen. Aber ich finde nicht alles gut: Die Menschen reagieren unterkühlt, Nachbarn kümmern sich wenig umeinander und die Kollegen auf der Arbeit sind freundlich, aber distanziert. Die Deutschen haben wenig Kinder, Familie ist offenbar nicht wichtig für sie. Sie streben nach einem bequemen Leben in Wohlstand und vergessen den Wert, den eine große Familie hat, den Zusammenhalt und die Freude über das gemeinsame Miteinander. Ich bin stolz auf meine große Familie. Ich werde weiter als Pflegehelfer arbeiten, und weiß, dass ich damit eine wichtige Tätigkeit ausführe. Ich wünsche mir, dass meine Kinder einen guten Beruf erlernen, eine eigene Familie haben und glücklich werden."

Amal:

„Ich fühle mich zu 70 % als Syrerin. In Deutschland schätze ich sehr die Sicherheit und den Respekt miteinander. Die Mitarbeiter auf den Ämtern sind in aller Regel freundlich und hilfsbereit, sie sind nie hochnäsig. Es gibt keine Willkür und keine Korruption. Aber ich vermisse

sehr meine Heimat: Syrien ist ein schönes Land, ich vermisse meine Familie, meine Freunde und die Traditionen mit der Religion, die wir praktizieren. Syrien ist trotz der Diktatur ein sehr tolerantes Land, alle Religionen werden respektiert und die verschiedenen Religionen leben in Frieden miteinander. Mit meiner Arbeit in der Schulmensa bin ich sehr zufrieden; ich möchte aber meine deutschen Sprachkenntnisse noch verbessern. Und natürlich wünsche ich meinen Kindern ein glückliches Leben."

Lina:

„Ich fühle mich mehr als Syrerin. In Deutschland schätze ich sehr die Sicherheit, hier werden die Menschenrechte akzeptiert. Mir gefällt auch die Infrastruktur. Es gibt beispielsweise keine Stromausfälle und das Internet funktioniert viel besser als in Syrien. Ich mag die großen, sauberen Geschäfte mit dem tollen Warenangebot. Es gibt hier viel mehr Arbeitsmöglichkeiten und die Wirtschaft läuft gut. Ich vermisse aber sehr den familiären Zusammenhalt, die Feste, wie den Ramadan und den Islam, der mir viel Halt in meinem Leben gibt. So werde ich sicherlich mein syrisches Leben in Deutschland fortsetzen und meine Kinder auch nach der syrischen Tradition erziehen."

Osman:

„Ich fühle mich zu 60 % als Syrer und zu 40 % als Deutscher. In Deutschland schätze ich sehr die Pünktlichkeit, Termine werden eingehalten, das Leben ist also gut planbar. Die Deutschen verhalten sich in aller Regel fair und respektvoll. Die Gespräche mit meinen deutschen Schulkameraden sind aber ganz anders als die mit meinen arabischen Freunden und Verwandten. Die deutschen Jugendlichen unterhalten sich über YouTube, Instagram, Tiktok-Videos und Musik. Mit meinen arabischen Freunden unterhalte ich mich über Familie, Arbeit und die Zukunft. Ich vermisse hier den Familienzusammenhalt und die Religion, die mir viel Halt gibt und mich ein diszipliniertes Leben und Verhaltensregeln lehrt. Ich möchte mein Abitur machen und später als Geschäftsmann in einer Führungsposition arbeiten."

Jamila:

„Ich fühle mich zu 80 % als Syrerin. In Deutschland schätze ich die Pünktlichkeit und die Zuverlässigkeit der Menschen. Ich vermisse aber die Tradition und die Gastfreundschaft. In Syrien ist jeder Gast willkommen, auch wenn er überraschend kommt. Das lehrt uns Flexibilität und menschliches Verhalten. Ich habe große Pläne, denn ich möchte Ärztin werden. Ich weiß, dass ich dafür gute Noten brauche und strenge mich daher in der Schule sehr an. Ich komme hier gut zurecht, möchte aber mein privates syrisches Leben fortsetzen. Die Religion ist mir wichtig, daher trage ich ganz freiwillig ein Kopftuch, so wie es bei uns Tradition ist. Daher ist mir auch wichtig, dass mein zukünftiger Ehemann Moslem ist."

Jasmin:

„Ich fühle mich zu 50 % deutsch und zu 50 % syrisch. Ich habe viele deutsche Freunde schon seit der ersten Klasse. Ich verstehe mich mit ihnen sehr gut und kann mich besser auf Deutsch ausdrücken als auf Arabisch. Ich kenne ja Syrien eigentlich nur aus Erzählungen meiner Eltern. Wichtig sind für mich Religion, Familie, Gesundheit und das syrische Essen. Mama kocht wirklich fantastisch, das ist nicht zu toppen. Ich möchte Zahnärztin werden, wenn ich dies schaffe. Daher strenge ich mich in der Schule an und habe bisher auch gute Noten."

Halima:

„Ich fühle mich zu 50 % als Deutsche und zu 50 % als Syrerin. Zu Hause ist Syrien und in der Schule ist Deutschland. Ich komme gut zurecht in den unterschiedlichen Welten und sehe die Vorteile von beiden: die Verlässlichkeit und Ordnung in dem deutschen Teil und die familiären Bande im syrischen Teil. Ich mag die Leute, sie sind respektvoll, sie akzeptieren mein Kopftuch. Ich hätte aber gerne mehr deutsche Freunde, aber es liegt auch an mir, ich bin anders als meine Schwester einfach zu schüchtern, mich mit anderen Mädchen anzufreunden. Was ich später machen möchte, das weiß ich noch nicht. Es geht mir aber gut, denn meine Noten in der Gesamtschule sind besser als die in der Grundschule, was mich sehr motiviert."

Mohamed, dich haben wir ja noch gar nicht gehört:
„Ich in zu 60 % deutsch und zu 40 % syrisch, aber zu 100 % Fußballer.
Seitdem ich den deutschen Pass habe, fühle ich mich mit Deutschland
sehr verbunden. Ich habe viele deutsche Freunde, aber ich schätze
auch meine syrische Familie und das syrische Essen zu Hause. Ich
möchte gerne Fußballer werden, daher verbringe ich viel Zeit auf
dem Trainingsplatz. Wenn meine Schulnoten dies zulassen, möchte
ich auf ein Sportgymnasium gehen."

Und nach dem Sturz von al-Assad, wie hat sich eure Einstellung
geändert, denkt ihr bereits an eine eventuelle Rückkehr in eure
Heimat?

Ahmad:
„Ich habe viele Jahre davon geträumt, dass Syrien ein friedliches
Land wird, in das ich mit meiner Familie zurückkehren kann. Doch
ich habe mich an das neue Leben in Deutschland gewöhnt, so dass
ich jetzt zögere. Der Basar, in dem ich mein Geschäft hatte, ist
zerstört, unser Haus auch. Ich besitze nicht so viel Geld, um ein
neues Leben in Syrien zu beginnen. Schließlich habe ich die deut-
sche Staatsangehörigkeit. Ich plane aber schon, im Sommer meine
Verwandten in Syrien zu besuchen, um die Lage dort zu erkunden.
Die neue Situation können wir noch kaum glauben: 14 Jahre Assad
sind in 14 Tagen ‚fertig'."

Amal:
„Ich würde gerne zurückgehen, wenn es dort sicher ist, aber bestimmt
nicht ohne meine Familie. Ich freue mich schon sehr auf eine Reise
dorthin, um meine Eltern und meine Verwandten wiederzusehen.
Nach so langer Zeit, es wird sicher sehr berührend."

Osman:
„Für mich wird es schwierig zu entscheiden, ich habe mich sehr an
das Leben in Deutschland gewöhnt. Ich kann kaum noch die arabi-
sche Sprache. Ich werde nach der Schule erst einmal eine Berufsaus-
bildung in Deutschland beginnen."

Jamila:

„Ich werde auf jeden Fall zurückgehen. Ich möchte mithelfen, mein Land aufzubauen. Dafür plane ich Medizin zu studieren, um in Syrien zu helfen."

Jasmin:

„Ich kann mir eine Rückkehr eigentlich nicht vorstellen, ich kenne Syrien doch gar nicht, ich habe hier in Deutschland viele Freunde, die möchte ich nicht verlieren".

Es bleibt spannend, wie sich letztlich die Familie entscheidet. Zunächst hängt es von der Stabilisierung in Syrien ab. Ich habe aber den Eindruck, dass die Familie letztlich in Deutschland bleiben wird, denn sie haben so sehr dafür gekämpft, sich hier ein neues Leben aufzubauen und die Kinder kennen ja kaum noch ihr Herkunftsland. Bis auf Jamila, sie hat einen starken Willen, ihr würde ich es zutrauen, in Syrien neu anzufangen.

Wie fühlt sich eine syrische Mutter von sechs Kindern in Deutschland?

Amal hat als Mutter ihre Situation in Deutschland sehr schön in einem kleinen Essay ausgedrückt, das ich hier ungekürzt und so, wie ich es von ihr erhalten habe, wiedergeben möchte:

„Wir als Mütter leben fernab von unserer Heimat und Familie. Wir unterscheiden uns ein wenig von Müttern, die von Verwandten umgeben sind. Vielleicht beurteilen uns alle anhand der Bilder, die wir in sozialen Medien teilen, aber in Wirklichkeit sind wir überhaupt nicht verwöhnt. Wir sind die Mütter rund um die Uhr, die Vollzeit arbeiten, ohne Alternative für eine Stunde und ohne Pause für eine halbe Stunde. Mutter in der Fremde zu sein, bedeutet, stark und mächtig zu werden, deine Krankheit zu er-

tragen, ohne dass es jemand merkt. Es bedeutet, in der Erziehung standhaft zu sein und für dein Kind stark zu sein – als Groß-mutter, Tante, Cousine, Freundin. In der Fremde bedeutet es, im Park nach Freunden für dein Kind zu suchen, nach Tanten und Onkeln unter den Nachbarn zu suchen und ihn lehren, alle Älteren als Oma und Opa anzusprechen. Mutter in der Fremde zu sein, bedeutet, Ratschläge aus Büchern, von Websites, von Facebook-Seiten zu erhalten, hundert Ärzte auszuprobieren, bevor du den besten findest, und tausend Kindergärten zu besuchen, bevor du den passenden findest. Es bedeutet, krank zu werden und deine Kinder krank werden zu lassen, ohne dass jemand anklopft, um nach dir zu sehen.

Du musst dich über die Details und Freuden deiner Kinder freuen und auch alleine weinen. Mutter in der Fremde zu sein, bedeutet, für dein Kind eine ganze Welt zu werden, die alle Verwandten ent-hält. Es bedeutet, sich auf sich selbst zu verlassen, kleine und große Angelegenheiten ohne Hilfe zu regeln, ohne dass jemand behauptet, dass ihr viel Schmerz und Mühe erspart geblieben wäre. Mutter in der Fremde zu sein, bedeutet, sich zu wünschen, dass du deine Kin-der um eine bestimmte Uhrzeit zum Abendessen bringen könntest und alleine spazieren gehen könntest, vielleicht aus dem Bedürfnis nach Ruhe heraus.

Mutter in der Fremde zu sein, bedeutet, sich danach zu sehnen, mit deiner Schwester nach einem langen Tag Kaffee zu trinken, einen Abend mit deinen Eltern zu verbringen, während deine Kin-der um dich herumspielen. Es bedeutet, dass die Mittagsstunde, wenn das Kind schläft, ein großartiger Schatz ist, den niemand außer dir kennt. Es bedeutet, stärker zu sein als jede andere Frau, unabhängiger als je zuvor und nach kurzer Zeit die größte Erfah-rung zu haben. Du bist in der Lage, nach wenigen Jahren stark genug zu sein, um jeder schwierigen Situation standzuhalten, ja, sie auf verschiedene Weisen zu überwinden. Ein herzlicher Gruß an jede Mutter, die es geschafft hat, ihre Kinder alleine, fernab von ihrer Familie aufzuziehen, ohne die Hilfe von Verwandten, ohne die Unterstützung, die sie brauchte. Ein Gruß an jede Mutter, die sich von A bis Z auf sich selbst verlassen konnte und es geschafft hat, eine vollständige Welt für ihre Kinder zu sein, indem sie Energien trug, die niemand sonst tragen könnte."

VII. Wann wird Integration zum Erfolg?

Damit ist die Geschichte der Familie in der Gegenwart angekommen und sie wird weitergehen: Eigentlich müsste ein Fortsetzungsband in einigen Jahren geschrieben werden. Ich möchte mich zum Schluss mit der Frage beschäftigen, was uns diese Geschichte zeigt: eine Geschichte, die einerseits bezeichnend ist für so viele Flüchtlingsgeschichten, andererseits auch ein ganz besonders zu würdigender Einzelfall.

Die Familie Al Said ist in Deutschland angekommen: Beide Eltern gehen einer geregelten und gesellschaftlich anerkannten Arbeit nach, die Kinder besuchen die Schule bzw. wollen eine Ausbildung beginnen oder studieren. Die Eltern sind dankbar für die große Hilfe, die sie bekommen haben. Die Kinder haben Ziele: Beispielsweise möchte Jamila Ärztin werden, Osman ein Unternehmen gründen und Mohamed Fußballspieler werden. Vielleicht werden nicht alle Ziele erreicht werden, aber die Kinder werden ihren Weg in ein selbstbestimmtes Leben ohne Abhängigkeit von staatlicher Unterstützung gehen, davon bin ich überzeugt.

Die Familie Al Said hatte sicher viel Glück. Die Flucht ist gelungen, sie hätte ja für Ahmad auch tödlich enden können. Der Familiennachzug hat geklappt. Die Familie hat zufällig Marie kennengelernt, die Arabisch verstehen und sprechen kann und dadurch ganz besonders motiviert war, die Familie zu unterstützen. Marie hatte ein Talent, ihren Mann und viele Freunde und Bekannte zur Mithilfe zu motivieren, sodass die Integrationsarbeit auf mehrere Köpfe verteilt werden konnte. Dank der Vermittlung des Bürgermeisters fand die Familie ein kleines Häuschen, in dem sie sich wohl fühlt.

Ist es nur Glück oder können wir daraus nicht auch Lehren für eine gelungene Integration ableiten?

Das Wichtigste ist, die ausländischen Familien möglichst schnell aus den Gemeinschaftsunterkünften herauszubringen. Das gelingt natürlich nur dann, wenn die Anzahl der in den Asylheimen lebenden Menschen überschaubar ist und genügend bezahlbare Wohnungen zur Verfügung stehen.

Genauso wichtig ist die ehrenamtliche Unterstützung, ohne die es nur die wenigsten schaffen, sich in die deutsche Gesellschaft zu integrieren. Daher bedarf es zahlreicher ehrenamtlicher Helfer, die dafür sorgen, dass sich die Geflüchteten bei uns wohlfühlen und schnell integriert werden. Meist sind die Ehrenamtlichen älter, schon im Ruhestand oder Eltern von gleichaltrigen Kindern. Die Ehrenamtlichen kommen mit jungen Menschen zusammen, sie können ihre Lebenserfahrungen weitergeben und lernen selbst andere Kulturen kennen. Gemeinsame Gespräche, gemeinsames Kochen, gemeinsame sportliche Aktivitäten, gemeinsame Ausflüge in die Umgebung und Unterstützung bei den schulischen Angelegenheiten sowie den Behördengängen schaffen ein positives Zusammengehörigkeitsgefühl, eine Winwin-Situation für beide Seiten.

Eine solche ehrenamtliche Unterstützung könnte noch mehr gefördert werden, indem die Gemeinden eine „Willkommenskultur" schaffen, in der das bürgerschaftliche Engagement für Flüchtlinge nicht nur durch Anerkennung honoriert, sondern auch aktiv organisiert und moderiert wird. Denn jemand wie Marie mit ihrem speziellen Interesse für die arabische Kultur und ihren Motivationskünsten ist eine Ausnahme. Wichtig ist, den Bürgern zu zeigen, dass eine ehrenamtliche Unterstützung für die Flüchtlinge auch ihr Leben bereichert. Sie lernen andere Kulturen kennen und schätzen, sie lernen, toleranter zu werden, und für viele ist ja schon die Begegnung mit jungen Menschen eine Bereicherung an sich.

Ehrenamtliche sind oft viel näher an den Problemen der Menschen dran als die Angestellten in den kommunalen Verwaltungen und haben meist auch die erforderliche Zeit und Ruhe. Sie bringen Fachwissen, ihre Lebenserfahrung und Empathie mit, die für die Zugezogenen so wichtig sind.

Idealerweise gibt es in den Gemeindeverwaltungen Flüchtlingsbeauftragte, die eine solche ehrenamtliche Hilfe vermitteln und gegebenenfalls koordinieren. Wichtig ist, dass die Ehrenamtlichen nach ihren Wünschen eingesetzt werden und in der Form, dass sie selbst Spaß an ihrer Arbeit haben. Die Erfahrung mit der Familie Al Said zeigt, dass es ein Erfolgsrezept war, mehreren Personen kleinere Aufgaben je nach Interessen zu übertragen, sodass sich keiner überfordert fühlte und jeder das Gefühl bekam, anerkannt zu sein, aber auch wieder „aussteigen" zu können.

Eine besondere Verantwortung haben weiterhin unsere Schulen und Kindergärten: Kinder aus anderen Kulturen sollten als Bereicherung angesehen werden, denn sie können eine Motivation für deutsche Schulkinder sein, toleranter zu werden und andere Kulturen kennenzulernen. Ich möchte hier an die Lehrerin erinnern, die mithilfe von Jamila den Kindern zeigte, wie schwer es ist, eine andere Sprache mit anderen Schriftzeichen zu lernen.

Ein weiterer ganz wichtiger Erfolgsfaktor ist das Lernen der deutschen Sprache, was durch gezielten Förderunterricht unterstützt werden kann. Es sollten nicht zu viele Kinder anderer Kulturen in einer Klasse sein, damit die Durchmischung gelingt und auf dem Schulhof Deutsch gesprochen wird. Sport könnte noch mehr im Fokus stehen, denn dort wird auf eine ganz andere Weise kommuniziert; im Sportunterricht wird die Integration daher am schnellsten gelingen.

Die den Ankommenden gebotene Hilfe sollte immer als Hilfe zur Selbsthilfe verstanden werden. Auch wenn es manchmal ein langer und schwieriger Weg ist: Irgendwann müssen die ausländischen Mitbürger mit unseren Verwaltungen zurechtkommen und selbstständig Anträge und Briefe schreiben können.

Auch müssen die Gesetze des Gastlandes respektiert und die Lebensgewohnheiten zumindest toleriert werden. Das heißt nicht, dass alle Gebräuche auch gelebt werden müssen. Der eigene kulturelle Hintergrund und die eigene Identität dürfen natürlich erhalten bleiben und dies sollten wir auch anerkennen und befördern.

Das Zusammenkommen der Verschiedenartigkeit und die Reflexion darüber sind anregend, aber auch lehrreich für alle. Dies möchte ich an zwei Beispielen illustrieren:

Wir sehen die Rolle der Frau in der islamisch geprägten Gesellschaft mit Skepsis, denn es besteht, wenn nicht gar erzwungen, so doch aus der Tradition gewachsen, eine bestimmte Rollenverteilung in der Familie. Der Mann ist für die äußeren Angelegenheiten zuständig, die Frau sorgt für die Familie. Arabische Frauen haben in der Tat weniger Berufschancen und damit verbunden weniger finanzielle Unabhängigkeit und weniger soziale Anerkennung.

Amal erzählte mir, dass sie sich sehr darüber wundert, dass wir die alten Menschen in ein Pflegeheim bringen, wo sie einsam und krank sterben; in vielen Fällen werden die alten Menschen nicht einmal von den Angehörigen besucht. Dies sieht sie als unmenschlich und unwürdig gegenüber den alten Menschen mit einer zu beachtenden Lebensleistung. Hat sie nicht recht mit ihrer Meinung über diesen Aspekt der deutschen Gesellschaft? Haben wir nicht recht, wenn wir die Rolle der Frau in der islamischen Gesellschaft kritisieren? Können wir nicht alle miteinander und voneinander lernen und gemeinsam unser Zusammenleben menschlicher gestalten?

Die Erfahrungen mit der Familie Al Said zeigen, dass die Integration bei gutem Willen und hoher Motivation auf allen Seiten gut gelingen kann. Alle Kinder sprechen akzentfrei Deutsch, obwohl im Elternhaus fast nur Arabisch gesprochen wird. Die Akzeptanz ihrer Kultur in der Gemeinde, am Arbeitsplatz und in der Schule ist hoch, selbst die Kopftücher der älteren Mädchen werden als etwas ganz Normales angesehen. Die Familie fühlt sich wohl in Deutschland, sie lebt nach den syrischen Traditionen, aber sie nimmt die deutschen Gewohnheiten wohlwollend und offen auf. Natürlich haben es die Kinder leichter bei der Integration, vor allem, weil sie die Sprache spielerisch lernen. Die Familie hat mittlerweile viele Freunde, einige der Helfer – so auch ich – fühlen sich mit der Familie freundschaftlich verbunden.

Selbst wenn unsere Geschichte eine ganz spezielle ist, es gibt sicher viele solcher guten Beispiele, die noch mehr als bisher bekannt werden sollten. Sie dürfen aber den Blick nicht davor verstellen, dass dies eben nicht immer gelingt. Dafür ist vor allem die große Zahl der Ankommenden in kurzer Zeit verantwortlich, die die Kommunen in vielen Orten überfordert. Und dann wird die Bevölkerung eher eine ablehnende Haltung einnehmen mit den bekannten Tendenzen in Richtung Rechtsextremismus. Daher gilt es, in der Flüchtlingspolitik einen Rahmen zu schaffen, der nicht überfordernd für alle Seiten ist.

Acht Erfolgsfaktoren

Zusammenfassend möchte ich **acht Erfolgsfaktoren** für eine gelungene Integration herausstellen:

- *Ehrenamtliche Hilfe von Anfang an*
- *Flüchtlingsbeauftragte in den kommunalen Verwaltungen*
- *Schnelle Unterbringung in Wohnungen außerhalb von Flüchtlingsheimen*
- *Schnelles und intensives Lernen der deutschen Sprache*
- *Schnelle Integration in die Arbeitswelt*
- *Aufnahme der Kinder in reguläre Schulklassen mit Unterstützung beim Deutschunterricht*
- *Vermittlung der deutschen Kultur und der gesellschaftlichen Werte*
- *Aufgeschlossenheit der Bevölkerung gegenüber anderen Kulturen*

Wenn wir in diesem Rahmen mehr ehrenamtliches Engagement mit viel Empathie stimulieren, dann gelingt die soziale Integration, dann sind Zuwanderer eine Bereicherung für unser Land.

Mit diesen positiven Gedanken möchte ich schließen und mich bei der Familie Al Said dafür bedanken, dass sie so viele persönliche Erlebnisse bei stets außerordentlicher Gastfreundschaft mit arabischem Tee und Süßigkeiten mit mir geteilt hat. Ich möchte mich auch bei allen Interviewpartnern rund um die Familie bedanken, die mir ihre Unterstützungsleistungen und ihre Eindrücke von der Familie schilderten, und schließlich bei Alexandra für die wunderbaren Cartoons, die den Text illustrieren.

Diana Gonzalez Olivo, Integrationsbeauftragte des Landes Brandenburg

In einem sehr gefeierten TED Talk „The danger of a single story" hat die Autorin Chimamanda Ngozi Adichie eindrucksvoll gezeigt, wie entscheidend es ist, dass wir uns als Leser*innen mit unterschiedlichen Medien und Büchern beschäftigen, um uns ein Bild von einer Situation zu machen oder um uns eine eigene Meinung zu bilden. Nur dann laufen wir nicht Gefahr eine einzige Geschichte zu generalisieren, aus der Stereotype und Vorurteile hervorgehen und als die eine Wahrheit über bestimmte Menschengruppen weiterzutragen. Dafür braucht es allerdings auch Autor*innen, die über diese Einzigartigkeit und Vielfalt der Geschichten schreiben.

Das Buch von Herrn Crasemann ist genau deshalb so wichtig. Es zeichnet die Geschichte einer Familie, ihrer Flucht aus Syrien und ihr Ankommen in Deutschland nach und trägt dazu bei, dass wir über Flucht, Integration und Willkommenskultur nachdenken. Die Erzählungen der Familie sind sehr eng mit intensiven Reflexionsprozessen ihrer Unterstützer*innen verwoben, die wiederum zusammengefunden haben, um der Familie zu helfen.

Diese Erzählung ist zeitgleich ein Zeugnis über Willkommenskultur und über Integrationsprozesse, die uns als Mensch und letztlich auch als Gesellschaft verändern. Die Bereitschaft, anderen Menschen in Not zu helfen, bringt uns dazu über den Tellerrand zu schauen sowie über die eigene Rolle und die lokalen Strukturen zu reflektieren und Herausforderungen anzugehen.

Dies ist eine Erzählung über Familie, über Gemeinschaft und über Solidarität.

Sie zeigt, dass Integration ein zweigleisiger Weg ist. Auf den ersten Blick geht es ausschließlich um die Unterstützung der Familie bei ihrer Integration. Doch liest man genauer, merkt man, wie sehr Ehrenamtliche sich auch dabei verändern. Zu unterstützen heißt manchmal zu akzeptieren, dass Menschen in dieser Geschichte einen Lebensentwurf haben, den Unterstützer*innen nicht immer verstehen oder nachvollziehen können. Und dennoch bleiben alle verbunden.

Dieses Buch zeigt auch wie komplex Integrationsprozesse sind und wie viele stützende Hände es ab und zu braucht, um notwendige und für Ehrenamtliche oft auch überraschend aufwendige Verwaltungsvorgänge zu durchblicken und diese zu erledigen.

Ich hoffe sehr, dass diese Geschichte auch anderen Ehrenamtlichen und geflüchteten Menschen ein wichtiger Impuls sein kann und dazu beiträgt, dass diese Erzählung durch eigene Erfahrungen der Leser*innen ergänzt und weitergetragen wird.

EIN HERZ FÜR AUTOREN A HEART FOR AUTHORS À L'ÉCOUTE DES AUTEURS MIA KAPΔIA ΓIA ΣYГГPAΦ
HJÄRTA FÖR FÖRFATTARE UN CORAZÓN POR LOS AUTORES YAZARLARIMIZA GÖNÜL VERELIM SZÍVÜ
CUORE PER AUTORI ET HJERTE FOR FORFATTERE EEN HART VOOR SCHRIJVERS TEMOS OS AUTORE
HERZOINKÉRT SERCE DLA AUTORÓW EIN HERZ FÜR AUTOREN A HEART FOR AUTHORS À L'ÉCOUTE
CORAÇÃO BCEЙ ДУШОЙ K ABTOPAM ETT HJÄRTA FÖR FÖRFATTARE Á LA ESCUCHA DE LOS AUTORES
AUTEURS MIA KAPΔIA ΓIA ΣYГГPAΦEIΣ UN CUORE PER AUTORI ET HJERTE FOR FORFATTERE EEN HAI
SZERZŐINKÉRT SERCE DLA AUTORÓW EIN HERZ FÜR A
AUTORES NO CORAÇÃO BCEЙ ДУШОЙ K ABTOPAM ETT HJÄRTA FÖR F

Der Autor

Wolfgang Crasemann, geboren 1955, lebt in Glienicke. Er studierte Volkswirtschaft an der Universität Bonn und im Kalamazoo College, USA. In seinem beruflichen Werdegang arbeitete er in einer großen deutschen Bank und im Bundeswirtschaftsministerium. Seit 2021 ist er Pensionär und geht ehrenamtlichen Tätigkeiten nach als Flüchtlingshelfer, Leiter der Amis de France, Schiedsmann, Gemeindevertreter und Nachhilfelehrer. Er veröffentlichte bereits eine Biografie seiner Tante „Renate Marsch Potocka", einer bekannten deutschen Journalistin.

FOR FORFATTERE EEN HART VOOR SCHRIJVERS TE ~~~ **novum** ◆ VERLAG FÜR NEUAUTOREN ~~~
DRÖW EIN HERZ FÜR AUTOREN A HEART FOR AUTHO
AM ETT HJÄRTA FÖR FÖRFATTARE Á LA ESCUCHA DE LOS AUTORES YAZARLARIMIZA
DEIΣ UN CUORE PER AUTORI ET HJERTE FOR ORFATTERE EEN HART VOOR SCHRIJVERS
VÜNKET SZERZŐINKÉRT SERCE DLA AUTORÓW EIN HERZ FÜR AUTOREN A HEART FOR AUTH
DRES NO CORAÇÃO ВСЕЙ ДУШОЙ К АВТОРАМ ETT HJÄRTA FÖR FÖRFATTARE UN CORAZÓN
COUTE DES AUTEURS MIL A ET HJERTE FOR FORF
TORES YAZARLARIM VE RCEDLA AUTORÓW EIN HE

Die Illustratorin

Alexandra Juncker, geboren 2006, übt sich schon seit ihrer frühen Kindheit darin, Vorstellungen visuell zum Leben zu erwecken. Sie hat bereits eigene Kurzgeschichten illustriert, jedoch handelt es sich bei diesem Buch um ihre erste Veröffentlichung. Inspiriert wird die junge Erwachsene von der Welt um sich herum, welche ihrer Meinung nach mehr Magie beherbergt, als der eine oder andere wahrzunehmen vermag.